Los mayas

Bernard Baudouin

LOS MAYAS

dve PUBLISHING

© Editorial De Vecchi, S. A. 2018
© [2018] Confidential Concepts International Ltd., Ireland
Subsidiary company of Confidential Concepts Inc, USA
ISBN: 978-1-64461-050-3

Índice

LA RELIGIÓN MAYA

LOS MAYAS A LO LARGO DEL TIEMPO

Prólogo

Desde tiempos remotos, la fe está anclada en el interior del hombre de forma tan ineluctable como la necesidad de respirar, beber o comer. Una fe con mil caras, que responde a múltiples manifestaciones, más o menos visibles. En todos los continentes y en todas las épocas, la fe ha alimentado empresas comunes, ha solidificado los contactos interhumanos, ha sentado las bases de un porvenir mejor y más seguro. En cualquier lugar, la fe ha acercado a los hombres y los ha hecho progresar. Y, sobre todo, ha sacado a la luz la búsqueda mística que todo ser lleva dentro de sí, la sed insaciable de encontrar una dimensión perdida, la espera inquietante de un retorno a la esencia, la necesidad fundamental de respuestas que vayan más allá de lo material para soportar de la mejor manera posible los rigores de la existencia.

Era inevitable que esta fe encontrara su expresión ideal en una espiritualidad «resplandeciente», que ofrece tantos matices como etnias, países e idiomas hay, y brinda una sorprendente paleta de inconmensurable riqueza, en la que se mezclan ritos y secretos, dogmas y prohibiciones, plegarias en forma de salmos y silencios meditativos. Y siempre, en todas las épocas y en todos los lugares, un fervor idéntico que devuelve al hombre a su dimensión sagrada.

En cualquier época, como si se tratase de un viaje por este universo de la fe a modo de reportaje de múltiples facetas, en el que se borran las fronteras para atravesar ese «más allá» intemporal, al margen de los imperativos materiales, económicos y políticos, el hombre ha sabido volver a conectar con lo esencial.

Cada obra de la colección constituye una aventura, una búsqueda de la luz, una mirada a una época, una introducción a la espiritualidad y a sus raíces en su concreción más inmediata. En pocas palabras, cada libro es la historia de una corriente espiritual mayor en la que participa la fe que habita en el corazón del hombre desde sus orígenes.

Sea cual sea la época tratada, con independencia de los hechos sobre los que se concentre nuestra mirada, tanto si es un periodo de la historia, como una corriente de pensamiento o un simple acontecimiento, nada se produce de forma aislada.

En consecuencia, intentar comprender implica por fuerza resituar lo que nos interesa en un mosaico de circunstancias y de acontecimientos, en un contexto general que, si bien no lo explica todo, por lo menos delimita lo que nosotros deseamos poner en evidencia.

No se puede valorar la importancia de una creencia, de una religión, de una filosofía o de una doctrina sin situarlas en la vida de un pueblo, sin alimentarlas con el aliento del día a día que les da su verdadera dimensión. Ningún detalle tiene valor si no se sumerge en su propio universo.

Por esta razón intentaremos aproximarnos al máximo a las costumbres de la época presentada en cada obra, en un esfuerzo por respetar el contexto histórico, sin en el cual sería ilusorio pretender una presentación coherente.

Introducción

Un día, después de estar muchos años viajando, necesité hacer un alto en el camino. Nos encontrábamos todavía en tiempos oscuros y lejanos; las naciones forjaban poco a poco su futuro, la mayoría de las veces mediante la fuerza y no con el uso de la razón.

Hacía unos años que había abandonado a mi maestro y me alimentaba ávidamente de todo lo que encontraba. Había aprendido mucho de la sabiduría de ese ser notable, pero lo que iba descubriendo ahora, día tras día, me maravillaba. Mucho más allá de las palabras, de las grandes ideas filosóficas y del saber de los antepasados, la vida se me presentaba como un libro abierto en cuyas páginas se alimentaba mi espíritu.

Eso pensaba mi maestro cuando me dijo que estaba preparado y que lo que en adelante necesitaba era recorrer el mundo. Como siempre, supo cuándo había llegado el momento.

Ahora ya ha pasado mucho tiempo. Mis viajes me han llevado a lugares donde los hombres, mejor o peor, han intentado convertir su mundo en un universo de paz y prosperidad. Muchas veces he atravesado el tiempo como atravieso los océanos, he escalado montañas, he escuchado el furor de los elementos y he descubierto pueblos y civilizaciones, fervores y renuncias, pero siempre me ha guiado una única idea, una frase de mi maestro que se repite de forma obsesiva en mi mente: «Ganador o perdedor, buscador o errante, devastador o penitente, sabio o renegado, el hombre es un ser de luz, pues tiene la marca de los dioses. Por eso nunca deja de creer y esperar. Vayas donde vayas, hagas lo que hagas, escúchalo, míralo, dale tu calor y tu consejo; así crecerás».

Hoy me toca a mí ser vuestro maestro. Seguid mis pasos. Tomad mi mano. Escuchad y mirad. El tiempo se diluye, sólo importa lo esencial...

LA CIVILIZACIÓN MAYA

Definición

Partir. Abandonarse al tiempo y al espacio. Dejarse llevar por este lento fluir, ineluctable, que nos lleva al pasado, tan lejos que ni siquiera sabemos dónde estamos. Incluso olvidamos quiénes somos. Mirar, ver y notar solamente las intensas, las íntimas vibraciones de la historia de cada día. Allí es donde nos lleva nuestro viaje de hoy.

Muy lejos y, a la vez, muy cerca, teniendo como guía al hombre, el enlace, el nexo de unión con todas las experiencias, todas las tentativas, pequeñas o grandes, que desde el inicio de los tiempos han visto la luz para intentar afirmar la fuerza vital, el deseo de vivir, las razones de existir.

El hombre en el tiempo. Puesto a prueba por el tiempo. Con las urgencias inherentes a su fragilidad. Que corre todavía más rápido, que lucha todavía con más ardor, porque sabe que dispone de poco tiempo para hacerlo.

El hombre de aquí y de allá, diferente y a la vez el mismo, en su búsqueda insaciable de esta «otra cosa» impalpable que siente profundamente arraigada en sí mismo.

El viaje por el tiempo se convierte en una liberación para esta sed insaciable de saber, de entender, de aprender y, en definitiva, de comprender lo que significa vivir. A través de los otros, de aquí o de allá, uno se encuentra a sí mismo, se descubre a través de una civilización desaparecida o de un reinado lejano.

Pero siempre, pase lo que pase, nos lleve donde nos lleve nuestro viaje libre de normas por la historia de la humanidad, todo sigue girando en torno a la humanidad profunda, a las lecciones vividas aquí y allá por hombres lejanos que contribuyeron en su tiempo, en su espacio, a la construcción de lo que hoy son los límites, las referencias, las normas de nuestro presente.

Nada se perpetúa solo, aislado, sin ninguna referencia previa con lo que existía antes. Nada se explica, se justifica ni se comprende sin contemplar lo que hay a su alrededor. Al fin y al cabo, el viaje que emprendemos en estos momentos, al margen de la simple curiosidad por las prácticas y las costumbres antiguas, no es más que la expresión de una necesidad profunda y visceral de saber, de percibir, de sentir lo que puede ser una trayectoria humana.

Dicho de otro modo, responde a la necesidad de definir nuestra propia trayectoria.

El contexto histórico

Hay viajes que aparentemente no llevan a ninguna parte y, sin embargo, nos hacen penetrar en universos más que naturales, con decorados y ambientes tan elocuentes como lejanos son los destinos.

Abrir de nuevo los ojos al final de una rápida «transferencia» por el tiempo y por el espacio es uno de estos viajes. En unos instantes, sin tan siquiera llegar a percibirlo, hemos pasado de la forma más sutil de nuestro presente cotidiano hacia otro mundo, que de pronto se presenta ante nuestra mirada cuando abrimos nuevamente los ojos. Quizá no es más que un sueño, pero ya tenemos algunos signos que nos hacen presentir que esto no es así.

Bienvenido a este océano de vegetación, de bosques interminables empapados del agua de las lluvias tropicales, a la selva espesa y ruidosa, de terrenos cenagosos, que se extiende hasta perderse de vista por algunas de las tierras de lo que mucho más tarde sería Guatemala, México y Honduras, en el corazón de América central.

Hace 40.000 años aproximadamente, hombres llegados del norte, procedentes de Siberia, penetraron en este vasto continente por un istmo que más tarde daría lugar al estrecho de Bering. Estos conquistadores de raza mongol, exploradores infatigables, atravesaron, mucho antes que todos los conquistadores conocidos, este continente inmenso prácticamente de un extremo al otro, casi desde el Polo Norte hasta la glacial Tierra de Fuego, diseminando embriones de poblaciones que formarían grupos, ciudades y, más tarde, sociedades.

A lo largo de los siglos y de los milenios, al capricho de esta larga maduración, nacieron unos pueblos que a su vez trazaron las grandes líneas de nuevas civilizaciones. La caza, la pesca y la recolección alimentaban la vida primitiva que poco a poco fue surgiendo en aquellas tierras vastas y de recursos ilimitados. Lentamente, los grupos formaron un tejido, las costumbres fueron tomando forma.

Cuando hacia el octavo milenio a. de C. se retiraron los hielos, desapareció el puente natural por donde habían pasado los emigrantes, y estos quedaron separados de sus orígenes, entregados a su propia suerte en un continente que ya era el suyo.

De este desarrollo en condiciones de aislamiento, sin ningún vínculo con el viejo mundo que había visto nacer a los primeros hombres, y sin contactos ni referencias políticas o culturales que influyeran sobre ellas, emergieron algunas de las civilizaciones más ricas y prestigiosas que jamás ha engendrado la inteligencia humana.

Pero, de momento, los hombres de aquel tiempo no han alcanzado todavía este nivel de evolución. Tienen que enfrentarse a otros imperativos más inmediatos. En efecto, en el séptimo milenio a. de C. se produjeron importantes cambios climáticos, que tuvieron una incidencia considerable en el medio ambiente, hasta el extremo de provocar la desaparición de numerosas especies animales. Dado que la caza era hasta entonces una de las actividades principales de las primeras sociedades que ocuparon aquellas tierras, la población se vio obligada a diversificar los medios de subsistencia.

La primera consecuencia de esta situación es una acentuación del sedentarismo. En menos de dos mil años a la cacería se añadió la recolección, y luego el cultivo de alimentos nuevos como el maíz, las judías y algunas cucurbitáceas.

Así, a lo largo del tercer y el segundo milenio a. de C., se multiplicaron los poblados semipermanentes, se desarrollaron las herramientas, apareció la cerámica. Otro signo de aquel tiempo es que se empezó a sentir la necesidad de honrar a los muertos, cuyos restos se enterraban, lo cual representaba un argumento más en favor de instalarse en un lugar concreto. La aparición de un «culto a los muertos» y la creencia en un «más allá» denotan un deseo de eternidad y ponen los primeros cimientos de lo que más tarde será una religión.

Todavía es demasiado pronto para referirse a un fenómeno que pueda emparentarse con una civilización original, pero se puede afirmar que las primeras «sociedades» realmente constituidas están tomando cuerpo.

La cultura olmeca

Hay que esperar a la segunda mitad de segundo milenio para ver cómo una cultura muy concreta se separa gradualmente de estas primeras corrientes civilizadoras: la cultura de los olmecas[1].

Esta vez no se trata del simple predominio de una etnia sobre sus vecinos. La presencia olmeca se caracteriza por la afirmación de una verdadera identidad cultural, que a lo largo de más de un milenio brilló en toda América central e influyó profundamente en las civilizaciones posteriores.

Como si presintieran el papel innovador que ejercerían en aquella región, los olmecas imponen una forma de pensar y unas referencias, definen unas nuevas relaciones de fuerza y de influencia. No sólo crean un estilo artístico, cuyas huellas se encuentran en otras civilizaciones, sino que además elaboran una visión espiritual del universo en la que to-

---

1. *Olmeca*: voz azteca que significa «gente del país del árbol de caucho».

dos los pueblos de la región se reconocerán de una manera u otra. En este último ámbito desempeñan un papel fundamental e influyen en millones de individuos.

A orillas de los ríos que atraviesan las selvas de la costa del golfo, se construyen centros de culto como San Lorenzo, con su plataforma de arcilla de 45 metros, o la isla pantanosa de La Venta, en la que se levanta una pirámide de 30 metros.

Con el transcurso de varios siglos, el pensamiento olmeca llega al norte, a las tierras que más tarde se convertirían en México, y también se extiende hacia el sur, hasta El Salvador, a más de 1.200 kilómetros de sus orígenes. Se trata, pues, de un área de influencia considerable, que no se limita a aportar una dinámica nueva y desaparecer, sino que perdura durante siglos, impregnando profundamente las costumbres y las mentalidades.

Una vez cumplida su obra, la civilización olmeca desaparece tan rápidamente como había crecido, sin dejar otros vestigios que no fueran su estatuaria: imágenes esculpidas en monumentos de piedra; enormes cabezas talladas en la roca que podían llegar a medir cuatro metros de altura y pesar hasta 65 toneladas.

Durante su apogeo, la civilización olmeca posee más de 40 poblaciones urbanas, pero, por razones desconocidas, pronto llegó la hora del declive. El centro ceremonial de San Lorenzo es destruido en el año 900 a. de C. A partir del siglo VII a. de C., los olmecas desertan de sus ciudades y desaparecen. Intentan enterrar sus cabezas de piedra, las vuelcan, las mutilan, como tratando de llevar a cabo un ritual destinado a neutralizar el poder que habían tenido antes, como queriendo afirmar que ya no las necesitaban. Hacia el año 300 a. de C., los habitantes de La Venta destruyen el enclave y huyen. A partir de entonces, la civilización olmeca pertenece al pasado.

Sin embargo, por encima de las contingencias materiales, inherentes a toda sociedad humana, el legado olmeca va más allá de ser un mero episodio temporal. Su dimensión cultural y espiritual lo sitúa *de facto* en el rango de fuente mayor, de la que bebieron civilizaciones posteriores en aquella parte de mundo. He aquí algunos de sus elementos más característicos: la creación de una escritura jeroglífica con más de 180 símbolos, de un sistema de cálculo y de un calendario; los sacrificios humanos, los ritos de sangre, las peregrinaciones, los centros ceremoniales con sus pirámides y sus explanadas de orientación celeste que denotan un dominio y un genio arquitectónico sin precedentes; las primeras nociones de astronomía; la división del mundo en «cuatro direcciones»; la instauración de la religión del jaguar (animal totémico que simboliza la fuerza y el poder), que evoluciona desde un animismo primario hacia la creencia en seres sobrenaturales mitad hombres y mitad animales; y una producción artística sorprendentemente floreciente y original de efigies de jade y todo tipo de piedras semipreciosas. La riqueza indiscutible del pensamiento olmeca, que en muchos ámbitos fue totalmente visionario, da lugar igualmente un sistema teocrático, cuyos grandes principios sirvieron de cimiento para las civilizaciones que surgieron y se desarrollaron en América central después de la olmeca. La autoridad mayor de un centro religioso, actuando como un mecanismo de control social, y también la tendencia de las poblaciones locales a la disciplina religiosa, a venerar y honrar los altos lugares teñidos de una aura mística, son otras particularidades que, en culturas posteriores, recordarán la aportación esencial de la civilización olmeca.

De hecho, a su manera, y probablemente sin haber tenido conciencia de ello, los olmecas llevaron a cabo en un milenio una auténtica revolución en las mentalidades. En términos de organización social, lo que hasta entonces era simplemente una estructura tribal más o menos perfeccionada y estable —todos los individuos eran en cierto modo iguales— se transforma en una jerarquía en la que aparecen jefes y poco después los primeros signos de un funcionamiento de Estado. Aparecen la organización y la planificación, se forma una elite que ostenta el poder y dirige con firmeza al pueblo, que a su vez se convierte en mano de obra.

Por otra parte, el dinamismo olmeca introduce prácticas que dan a las ciudades unos medios de supervivencia más fiables: los recursos alimentarios se diversifican y su producción se intensifica; el intercambio de productos entre regiones se desarrolla enormemente; un urbanismo coherente hace más fáciles las condiciones de vida.

En el plano espiritual, los olmecas franquean una etapa esencial al superar el chamanismo primitivo para crear una mitología sólida y compleja —dominada por un ser medio humano, medio felino, el *hombre-jaguar*— que da origen a la mayor parte de divinidades posteriores: dios de la lluvia, de la tierra, de los elementos naturales, de las estaciones, del maíz, de la vegetación, etc.

Así, cuando desaparece la civilización olmeca, todos los elementos que la componen parecen haberse unido para hacer posible que se cumpla un destino fuera de lo común, del que los mayas serán inspirados constructores.

El nacimiento de la civilización maya

En el momento en que desaparece la civilización olmeca, dejando una cantidad considerable de referencias y de adquisiciones culturales determinantes para el futuro de la región centroamericana, surgen otras culturas, quizá menos importantes e innovadoras, pero no por ello carentes de interés.

Los zapotecas, que se establecieron apenas a 200 kilómetros del territorio olmeca, crearon algunos enclaves importantes, como Monte Albán, que fue la capital durante más de un milenio y representó para las generaciones posteriores un lugar de cultura y de espiritualidad.

En el corazón de este centro de culto de inspiración olmeca, se puede contemplar una acrópolis de más de 400 metros de altura, edificada sobre una cima nivelada de más de un kilómetro de superficie, en la que se levantan templos, terrazas, patios y pirámides de piedra. El lugar estaba reservado a una elite religiosa y política, en tanto que el pueblo vivía más abajo, en el valle.

Construido hacia la mitad del primer milenio a. de C., Monte Albán se convirtió entonces en el símbolo del esplendor zapoteca —que reivindica la creación del sistema de escritura jeroglífica atribuido a los olmecas— hasta su apogeo en el siglo II de nuestra era, y durante los posteriores tres siglos de declive. Esta cultura, interesante por muchos aspectos a pesar de su limitada extensión, acabó marchitándose y desapareciendo.

Los orígenes de la cultura maya

En este contexto de abundancia cultural y espiritual, destacable desde muchos puntos de vista y de una intensidad fuera de lo común para la época, fue tomando cuerpo la *identidad maya*.

En efecto, estas culturas brillantes, ricas en nuevos conceptos y en costumbres que delataban una fe ferviente, se revelaron extraordinariamente estimulantes, generadoras de condiciones ideales, tanto en el plano humano como en el social. Por su propia dinámica y por los hitos marcados a lo largo de siglos, por la inquietud civilizadora que suscitaron en los pueblos de América central, por las huellas que dejaron grabadas para siempre en las piedras de sus monumentos, el futuro demostraría que estas culturas prepararon el terreno —se podría decir que «fertilizaron» humana, social y espiritualmente esta parte del mundo— introduciendo los embriones de una cultura todavía más evolucionada, susceptible de llevar aún más arriba las aspiraciones de todo un pueblo.

En aquella época, la identidad maya todavía no se había consolidado. Sólo se puede hablar de un «grupo maya», constituido por pueblos diseminados en regiones suficientemente próximas como para formar lo que más tarde se denominaría *área maya*. Son comunidades asentadas en las tierras altas de Guatemala, en la vertiente del Pacífico que va de Chiapas a El Salvador, en las tierras bajas que se extienden desde las llanuras de la costa de Tabasco (en México) hasta Belice y Honduras, y también en la península de Yucatán, que resultó ser la cuna más auténtica de la evolución del fenómeno maya en todo su esplendor.

A imagen de esta diversidad de lugares, no existe una «lengua maya», sino un cierto número de dialectos. Los más antiguos son de la familia del totonaque y del zoque, y otros están emparentados con el yucateco o con el chol.

Los signos anunciadores de la grandeza maya

A partir del 400 a. de C., las concepciones y los puntos de vista de los depositarios de la antigua grandeza olmeca, de los dirigentes zapotecas de Monte Albán y el sur del área maya se fueron acercando. Si bien no existía aún ningún tipo de uniformización del pensamiento en aquella vasta región, los numerosos parecidos eran ya muy elocuentes y estaban cargados de sentido en cuanto al futuro común que se preparaba.

Desde esta época hasta el año 150 d. de C., el área maya conoció un desarrollo considerable. Así, siempre en la línea de continuidad de la tradición olmeca, se construyen centros ceremoniales imponentes como Chiapa de Corzo, Tonalá, Izapa, Chalchuapa, Abaj Takalik, Chocolá, El Baúl, Monte Alto y Kaminaljuyú.

Montículos, monolitos esculpidos con bajorrelieves, estelas de basalto, altares zoomorfos, pirámides escalonadas, plataformas ceremoniales y monumentos grandiosos se multiplican, marcando una continuidad patente con el pasado, y afirmando a la vez una identidad propia anunciadora de una nueva era.

Todos estos elementos, repetidos innumerables veces, demuestran claramente que se trata un periodo de consolidación cultural. La elaboración definitiva de un sistema de numeración y de escritura glíptica[2], así como la organización jerárquica de la sociedad, proceden de un dinamismo similar y anuncian ya la grandeza de la civilización maya.

---

2. Del griego *glyptiké*: arte de grabar sobre piedras duras.

El auge de la realeza

La afirmación de una identidad totalmente maya, de una cultura suficientemente fuerte e innovadora para ser verdaderamente original, entre los años 300 y 250 a. de C., da lugar a una multitud de reinos en todas las regiones que forman, todavía en estado embrionario, el «país maya».

Cada reino está dirigido por un rey patriarca, y todos los reyes se consideran hermanos porque descienden de los mismos antepasados. Surge la noción de *ahau*, o «gran rey», título que ostenta el soberano supremo de cada uno de los reinos.

En aquella época, la realeza domina la vida de los mayas durante más de un milenio. Uno de sus principios más importantes se sustenta en una organización jerárquica de la sociedad, que, bajo la autoridad real, está compuesta por nobles, propietarios, escribas, guerreros, arquitectos, profesionales, administradores, artesanos, vendedores, comerciantes, obreros y agricultores.

Cada reino es en realidad una ciudad-estado, dirigida por una dinastía, que se encarga de establecer alianzas con las ciudades-estado vecinas. Generalmente el poder real se ejerce en una ciudad grande, que pasa a considerarse la capital, aunque también en ciudades secundarias —dirigidas casi siempre por nobles parientes del rey—, caseríos y granjas aisladas. El poder real es total y se ejerce de mil maneras.

De hecho, gobernar no era una tarea fácil. El rey tenía numerosas responsabilidades: ejercer la autoridad en sus tierras, teniendo en cuenta la complejidad de la situación política; aumentar al máximo la extensión de sus territorios; organizar las ofensivas militares y defender sus tierras de las amenazas de los estados vecinos; demostrar la legitimidad de su derecho a gobernar, controlando a los rivales que en el seno de la nobleza podían oponerse a él. Tenía que negociar las alianzas comerciales, atender los asuntos de la corte y planificar los trabajos de urbanismo y de arquitectura. Decidía cuándo había que hacer la guerra, sabiendo que corría el riesgo de ser capturado y sacrificado en ofrenda a los dioses. Una de sus funciones principales, al margen de sus deberes políticos, era interceder en el mundo de los espíritus, aportando la energía divina al mundo material para guiar a su pueblo y asegurar el éxito de los proyectos[3].

La evolución sorprendente, relativamente rápida, desde la simple comunidad agrícola al rango de reinado dirigido por una familia real —fenómeno que se repite centenares de veces— es la marca específica de la ascensión del pensamiento maya a un estado de madurez realmente civilizador en su dimensión más enriquecedora.

---

3. RUDDEL, Nancy: *El Misterio de los Mayas,* Museo canadiense de las civilizaciones, 1995.

Una evolución social fulgurante

Se trata de un formidable impulso civilizador, que provoca la prosperidad y el crecimiento de las comunidades mayas a un ritmo muy rápido.

La principal razón de este desarrollo radica en una gestión optimizada de los medios de subsistencia. La invención de nuevos sistemas de captación y almacenamiento de agua aporta una nueva dimensión a la agricultura, que dispone a partir de entonces de nuevos suelos cultivables en zonas a menudo poco favorecidas por los elementos naturales (condiciones de la estación fría, de la selva tropical, la altitud...).

Para resolver el problema de la sequía durante la estación seca, se construyeron depósitos y cisternas. Durante la estación lluviosa, el agua de lluvia se canalizaba desde los edificios y las calles hasta estos depósitos.

En el bajo Yucatán se construyó una densa red de canales para drenar las tierras pantanosas, con lo cual se obtuvo un suelo muy fértil que pudo dedicarse a las plantaciones de maíz. Para paliar el desgaste de la tierra, se fertilizaban los campos de las zonas pantanosas cubriendo la tierra con sedimentos y plantas acuáticas recogidas en los canales. Esto creaba un ecosistema[4].

---

4. RUDDEL, Nancy: *El Misterio de los Mayas,* Museo canadiense de las civilizaciones, 1995.

Las consecuencias de esta optimización son considerables. En primer lugar, se produce un crecimiento de los recursos alimentarios, hecho que origina una fuerte explosión demográfica. Luego, desde un punto de vista más general, la ciudad-estado saca un gran partido de esta nueva situación: la existencia de recursos que la población local ya no necesita para cubrir sus necesidades comporta una mayor actividad comercial con los estados vecinos y, en consecuencia, un mayor enriquecimiento. Ahora bien, ser más rico implica tener más poder.

El desarrollo de la actividad económica y el aumento de la importancia de las ciudades genera un crecimiento de las estructuras del Estado y de la burocracia, cuya función es gestionar la complejidad cada vez mayor de los asuntos estatales. Por otro lado, también genera un aumento de la fuerza de trabajo, necesaria para mantener y hacer funcionar la nueva organización.

A través de sus numerosos reinos, la sociedad maya progresa globalmente y adquiere poder, lo cual implica un refuerzo de su identidad y una constante afirmación de cara a las influencias exteriores, para acceder finalmente a un nivel de estructuración social y de refinamiento fuera de lo común.

Así alcanzaron su pleno desarrollo grandes ciudades como Tikal, situada en medio de la selva de Petén, y que se convierte en un centro ceremonial de gran importancia. En el año 600, con más de 50.000 habitantes, se convierte en la ciudad-estado más grande del país maya. Con sus numerosos templos y palacios, alcanza una extensión de casi diez kilómetros.

Otros nombres prestigiosos de centros importantes permanecen unidos para siempre a los reinos mayas, como Yaxchilán en la región central, Palenque en el sudoeste, Calakmul en el sur de la península de Yucatán o Copán en el sudeste.

También surge un gran número de ciudades de menos importancia, con poblaciones de entre 5.000 y 10.000 habitantes, que demuestran el progreso de una civilización en plena fase evolución.

Así pues, el crecimiento de esta civilización se desarrolló de un modo fulgurante, lo cual aumenta su significado cuando se concibe como un reto afrontado con resolución, a tenor de las circunstancias naturales en las que los mayas erigieron su civilización, para dar una dimensión totalmente fuera de lo común a su vida cotidiana.

Es un universo en el que se mezcla el bosque denso —con sotobosque frondoso de hasta tres metros de altura, suspendido bajo un techo vegetal de 30 a 50 metros— con áreas de sabana y zonas palustres. Un universo de vegetación exhuberante, una fauna ruidosa y diversa, un calor húmedo persistente, con escasos cursos de agua. Sin olvidar un utillaje primitivo, propio del Neolítico, que todavía no conocía la rueda y no disponía de ningún animal de tiro.

Y, sin embargo, sobre estas precarias bases, los mayas erigieron una de las civilizaciones más brillantes de todos los tiempos, se convirtieron en expertos astrónomos, desarrollaron las matemáticas a un nivel muy alto, destacaron en el arte de los frescos y de la alfarería, construyeron templos y pirámides que resistieron tiempos futuros y se convirtieron en un testimonio del fervor de sus creencias.

Porque no debe cabernos la menor duda de que fue la fe en el porvenir la que condujo a los amerindios hacia aquellas tierras y los guió hasta la materialización de un destino fabuloso. Una historia de fe como pocas ha vivido la humanidad. La aventura de unos seres humanos trazando su trayectoria en un entorno a menudo hostil que no logró impedir que definieran y desarrollaran unas relaciones muy estrechas con los elementos de la naturaleza, y dieran así otro sentido a su existencia.

Vivir no es nada, ni dentro ni fuera del universo maya, si no se confiere un sentido preciso a lo que se vive, a lo que se inicia, a lo que se hace. Todo depende del sentido profundo que se esconde detrás de cada palabra, por insignificante que esta sea, detrás del acto más pequeño y aparentemente anodino.

Por su parte, los mayas supieron dar siempre un sentido concreto a sus realizaciones y a su devenir. Y no porque todo estuviera excesivamente codificado, sino porque poseían la «preciencia» de lo esencial que revela las evidencias y lleva a los seres humanos hasta límites a veces insospechados.

Las enseñanzas del pensamiento maya

Del mismo modo que algunas miradas son más agudas que otras, algunos viajes están más cargados de sentido que otros. Emprender un camino determinado exige únicamente un poco de voluntad y de capacidad organizadora, pero encontrar un sentido profundo a esta marcha, a esta nueva trayectoria, no es tan simple.

El hecho de que en este caso se trate de un viaje por el tiempo y el espacio confirma esta idea, ya que ¿acaso toda partida no es en potencia un recorrido por el tiempo y el espacio? Claro está que menos lejos y durante menos tiempo en la mayor parte de los casos, pero el principio sigue siendo el mismo: uno se halla en un lugar diferente al habitual y, de pronto, allí se encuentra ante nuevos ritmos, nuevas obligaciones, otras imágenes y otros sonidos. En definitiva, encuentra otro mundo.

Al margen de la revelación de que puede haber muchos mundos, casi paralelos, en realidad se trata de una abertura *extra-ordinaria* hacia otras visiones del universo. Esta dependencia del tiempo y del espacio, esta capacidad de transportarse a otros tiempos para observar mejor el «decir» y el «hacer» de antaño, no hace más que destacar un poco más la relatividad de las certezas —a veces muy útiles— que jalonan nuestra existencia.

Además de las «turbulencias» inherentes al cambio de época, sumergirnos rápidamente en el universo maya nos muestra a menudo otras facetas de esta realidad que vivíamos hasta entonces día a día...

Una potencia de reflexión y de innovación

Hacia la mitad del primer milenio de nuestra era, la sociedad maya está muy lejos de las estructuras tribales de sus orígenes. Sigue estando formada por un conjunto de reinos que dirigen ciudades-estado cada vez más poderosas, pero algo ha cambiado: a partir de ahora lo que reúne los esfuerzos de todos los pueblos es algo intangible.

Además de la organización administrativa, de los progresos considerables de la agricultura, del comercio y, en consecuencia, de la demografía, elementos que llevan la civilización maya a su apogeo, se impone la afirmación de la identidad común de todos los pueblos. Esta última encuentra su expresión más auténtica en un interés permanente por descubrir los misterios del universo.

Los mayas se convierten así en escrutadores pacientes, en observadores atentos, en experimentadores intuitivos y astutos y, por encima de todo, en incomparables innovadores.

Viviendo en un medio natural muy particular (selva, pantanos, relieve accidentado...), que sufre la acción de elementos climáticos a menudo adversos (lluvias tropicales, estación seca...), los mayas siempre se sintieron fascinados por los fenómenos relacionados con el cosmos, como la alternancia del día y la noche, la trayectoria de los planetas en el cielo, los ciclos estacionales, sin olvidar el ciclo de la vida humana, desde el nacimiento hasta la muerte.

El pensamiento maya integró muy rápidamente todos estos elementos indisociables de la vida cotidiana, de la propia existencia de cada individuo, hasta el punto de que hubo que codificar los diferentes datos.

Así nacieron lo que denominaremos las *ciencias* mayas. Los logros más representativos son, sin lugar a dudas, la creación de calendarios, la elaboración de principios matemáticos y la optimización de un sistema de escritura.

La astronomía

Al igual que la mayor parte de los pueblos centroamericanos, los mayas sintieron una gran atracción desde siempre por los misterios de la cúpula celeste.

Los astros que se desplazan por el cielo pertenecen al universo superior que corona la vida de los seres humanos, y están considerados representaciones de la voluntad divina. A menudo, los dioses se comunican con los hombres a través de ellos.

Por esta razón, los mayas dedicaron un tiempo considerable a observar las estrellas, midiendo sus desplazamientos reales o ficticios en el cielo, y poco a poco elaboraron un sistema especulativo de gran precisión, que sería el origen de una nueva concepción de la astronomía, basada en observaciones muy precisas de los astros y en las relaciones espirituales que mantenían con estos.

No se puede entender el sentido que tenía el cielo para los mayas sin tener en cuenta la interpretación que se hace de cada uno de sus aspectos. Además de las apariencias concretas y materiales, se trata en realidad de una auténtica «tabla de desciframiento» de la relación que mantiene la humanidad con sus dioses. Sólo así se puede valorar hasta qué punto son importantes los misterios del cielo —y de las divinidades— para los sacerdotes mayas encargados de relatar los signos con precisión y de interpretar su significado con la mayor fidelidad posible.

Con el apogeo de la civilización maya se multiplican los observatorios, que cada vez son más sofisticados, a pesar de la precariedad de los medios de los que se dispone en la época. Los astrónomos mayas demuestran tener una importante agudeza intelectual, ingenio y creatividad, cualidades que les permiten efectuar constantes observaciones del sol, de las estrellas y de los planetas. Todos estos datos se recogen en unas crónicas escritas recogidas en códices.

El sol, la luna, Venus y muchos otros planetas son objeto de largas observaciones, hasta que se establece una nomenclatura de los cuerpos celestes y sus movimientos, que dan lugar a interpretaciones específicas.

En su esfuerzo por entender el universo en su dimensión cósmica, destacando la estrecha interdependencia existente entre el sistema planetario y los seres humanos que viven en la Tierra, los mayas introducen una relación nueva entre el poder divino ilimitado, que se expresa en la energía que contiene todo lo que se mueve en el universo —incluidos los planetas—, y la humilde trayectoria de cada hombre, de cada mujer y de cada niño a lo largo de su vida en la Tierra.

Esta concepción impregna la lógica con la que los arquitectos mayas, cuya habilidad y maestría impresionaron a las civilizaciones posteriores, construyen sus lugares de culto —es decir, casi todos los templos, las pirámides y otras construcciones— ajustándose con mucha exactitud a una alineación celestial muy precisa, que afecta no sólo a la orientación, sino también a la disposición de patios, plazas o arterias de circulación. Así, en los equinoccios de primavera y de otoño, los rayos de sol penetran por pequeñas aberturas en los observatorios, iluminando las paredes interiores. [...] El ejemplo más conocido de alineamiento se encuentra en Chichén Itzá, la principal ciudad sagrada de Yucatán. Allí la gente se reúne [...] para ver cómo el sol ilumina los peldaños del templo consagrado al dios Serpiente emplumada. Cuando tienen lugar los dos equinoccios, los rayos de sol iluminan los peldaños y la cabeza de una serpiente luminosa que desciende a la Tierra desde la montaña sagrada[5].

Si bien esta concepción de una astronomía omnipresente en la vida cotidiana convierte el pensamiento maya en uno de los más brillantes de su tiempo, para captar realmente todo su sentido hay que abordar una concepción todavía más amplia de los misterios de la vida.

Se trata de un sistema de creencias muy complejo, dentro del cual la astronomía es uno de los principales vectores. La elaboración de varios calendarios y la mitología son los otros polos importantes.

Se trata de distintos parámetros que intentan establecer una codificación general de todo lo que existe.

---

5. RUDDEL, Nancy: *El Misterio de los Mayas,* Museo canadiense de las civilizaciones, 1995.

Los calendarios

A la luz de las numerosísimas observaciones de carácter astronómico, pacientemente anotadas y posteriormente estudiadas, los mayas lograron determinar con extraordinaria precisión los movimientos
de los cuerpos celestes y la repetición cíclica de las
principales fases cósmicas.

Vieron con claridad que las trayectorias de los
planetas en el cielo se encadenan siguiendo ritmos
concretos, que en muchos casos son regulares. De
ahí la idea de crear un sistema de referencias que
permitiese anotar el paso del tiempo: nació así el
primer calendario maya, una de cuyas funciones
principales era, precisamente, medir el transcurso
del tiempo.

A partir de entonces, las fechas exactas del calendario, conocidas con antelación, marcaron el ritmo
de las actividades estacionales, planificaron las ceremonias religiosas y determinaron las grandes
orientaciones de las actividades humanas en el corazón de la sociedad maya. La observación de los
ciclos de los planetas, de los movimientos de las
constelaciones y de los eclipses lunares y solares les
llevó a considerar otros signos, otros fenómenos
que no sólo estaban relacionados con la materia que
forma los astros, sino que constituían indicios de
actividades divinas, como mensajes codificados que
tenían a los humanos como destinatarios, y que, por
tanto, era necesario descodificar e interpretar para

continuar el progreso de la civilización y la construcción de un mundo propio en la Tierra.

La finalidad del calendario maya tiene a la vez un componente práctico y otro esotérico. Si nos referimos a un solo calendario maya, que agrupe todas las versiones realizadas por esta civilización, este contendrá en realidad varios «ciclos» bien distintos, cada uno de ellos con una función precisa.

EL CICLO SAGRADO

Este calendario, que se utiliza todavía actualmente en algunas comunidades de las tierras altas de Guatemala, está compuesto por 260 días que resultan de la unión de dos ciclos menos importantes: la sucesión hasta el infinito de los números del 1 al 13 y los 20 nombres de los días, también repetidos (por ejemplo: 7 *Imix*, 11 *Muluc*, 5 *Chuen*...). Este año de 260 días también se llama *ciclo divinatorio* (*Tzolkin*), ya que define los ciclos rituales y las fechas de las ceremonias de la vida cotidiana, en relación con el nombre y la función de los diferentes días:

— *imix*: día propicio para la compra de bienes inmuebles, para la construcción y la demolición de casas y para expiar las faltas e implorar el castigo de los que han causado algún mal;

— *ilk*: día propicio para implorar protección para los animales domésticos, en particular, el ganado: que no le falte agua ni forraje y que no sea víctima de ninguna enfermedad;

— *akbal*: día positivo para los amantes y para todos aquellos que cortejan a alguien; también es propicio para causar el mal, o para detenerlo;

— *kan*: día adecuado para pedir a las divinidades principales y a los espíritus de la montaña permiso para sembrar y cultivar;

— *chicchan*: día particularmente nefasto; se elige para conjurar los problemas conyugales y presenta un riesgo elevado de mordedura de serpiente;

— *cimi*: indica la muerte de una persona enferma; es un día propicio para orar por los enfermos y los heridos;

— *manik*: día favorable para la caza de animales salvajes;

— *lamat*: dedicado al culto del maíz; día apto para realizar ofrendas y rezar por el éxito de las siembras y de las cosechas;

— *muluc*: día propicio para el castigo de los delincuentes, la liberación de los prisioneros, la curación de los enfermos y la purificación de los pecados por medio de la flagelación;

— *oc*: día apropiado para las relaciones sexuales y la concepción; los individuos nacidos este día se consideran entregados al sexo y a la bebida;

— *chuen*: día del dinero, de los animales, de las cosechas y de los alimentos;

— *eb*: día favorable para la plegaria por la salud física y para implorar la clemencia de los dioses;

— *ben*: día de todo lo que está relacionado con la infancia, incluidos los nacimientos y los cuidados a los bebés;

— *ix*: día dedicado a los espíritus sagrados de las montañas y otros lugares especiales; propicio para las oraciones en demanda de lluvias y buenas cosechas;

— *men*: día relacionado con el bienestar material; apropiado para rezar por la protección contra los animales y los pájaros nocivos para las cosechas;

— *cib*: dedicado a las ofrendas, a los difuntos y a los espíritus ancestrales;

— *caban*: día especial para liberar a los presos, para hacer la corte o solicitar el matrimonio, y también para rezar por la salud y el bienestar de un pariente;

— *etz'nab*: día nefasto, durante el que se realizan maleficios; también es un día apropiado para librar a alguien de un sortilegio;

— *caijac*: día de dos facetas, favorable para los desplazamientos, pero también nefasto porque se invoca el mal para sembrar la discordia en los hogares;

— *ahau*: generalmente refleja la muerte de una persona enferma; propicio para conjurar sortilegios, especialmente los que han sido causados bajo *Caijac*[6].

---

6. *La civilización maya*, CD-Rom, Alsyd et Sumeria, 1996.

El *haab* está compuesto por la sucesión de 18 meses de 20 días, a los que se añade un mes más de cinco días llamados *nefastos*, por ser propicios a todos los peligros y a todas las desgracias.

Se trata, de hecho, de la primera formulación de lo que más tarde sería el *año solar* tropical, similar al calendario gregoriano que con posterioridad fue adoptado universalmente.

Los meses del *haab* son:

— *pop*: mes de ritos del nuevo año; patrón del mes: el jaguar;

— *uo*: mes de la ceremonia del *pocam*; permitía a sacerdotes, chamanes, curanderos y cazadores hacer predicciones y profecías para el año nuevo;

— *zip*: mes de las ceremonias dedicadas a implorar la ayuda de los dioses para la salud, la caza y la pesca; patrón del mes: el dios serpiente;

— *zotz*: mes sin ceremonia particular, consagrado a la preparación del mes siguiente; patrón del mes: el murciélago;

— *zec*: durante el mes de *zec*, los propietarios de panales imploraban al dios de las abejas la obtención de una producción de miel abundante; patrón del mes: el dios del día;

— *kijl*: mes de consagración a los ídolos;

— *yaxkin*: mes sin ceremonia particular; consagrado a la preparación del mes siguiente;

— *ch'en*: durante el mes de *ch'en*, proseguía la consagración de divinidades en ídolos y la recogida de flores para las abejas; patrona del mes: la luna;

— *yak*: mes consagrado al mantenimiento del templo de Chac, el dios de la lluvia. Patrona del mes: Venus;

— *zac*: mes utilizado por los cazadores para calmar a los dioses de la caza; patrón: dios de *Uinal*, el calendario de 20 días;

— *ceh*: mes que no comportaba ninguna ceremonia particular; patrón: el dios del fuego nuevo;

— *mac*: mes en el que se celebraban ceremonias a lo largo de las cuales los ancianos de la comunidad imploraban a los *Chacs* para que las lluvias fueran abundantes;

— *kankin*: mes sin ceremonias particulares;

— *muan*: durante este mes, los propietarios de plantaciones de cacao celebraban ceremonias para garantizar cosechas abundantes;

— *pax*: los guerreros celebraban ceremonias para asegurarse la victoria en la guerra;

— *kayab*: mes dedicado a las ceremonias que aportan placeres y diversiones;

— *cumku*: como el anterior, mes dedicado a las ceremonias de placer y diversión;

— *uayeb*: mes nefasto de cinco días, dedicado a la preparación de las ceremonias del nuevo año.

Destaquemos que la transición de un mes a otro era muy importante para los mayas. Así, el último día de cada mes no marcaba el final del mes que acababa de pasar, sino la «entronización» del mes siguiente, y se designaba con un jeroglífico específico que representaba a un soberano sentado sobre una estera.

El ciclo de 52 años

También llamado *cuenta calendaria*, consta de 18.980 días (52 años aproximadamente). Este ciclo resulta de la combinación del ciclo sagrado con el *haab*, y sus días se imbrican como los engranajes de un reloj. Esto explica que en el calendario maya cada día se designe con un nombre y una cifra de cada uno de los dos ciclos, así como una fecha de la cuenta larga (que veremos a continuación). El inicio del año sagrado y el principio del *haab* solamente coinciden cada 18.980 días.

La *cuenta larga*

Dado que el ciclo de 52 años no permite medir el paso del tiempo con precisión, los astrónomos mayas crearon este ciclo que empieza exactamente el día de la creación, es decir, el 4 *Ahau* 8 *Chumku* (13 de agosto del año 3114 a. de C.), y finaliza el 2012, fecha en la que se iniciará una nueva era.

La unidad, el día, se llamaba *kin*; 360 kines (o días) formaban un *tun*; 20 tunes constituían un *ka-*

tún (es decir, 7.200 kines o días) y 20 katunes completaban un *baktún*, o ciclo (144.000 kines).

Este cálculo tan preciso del tiempo permitió a los mayas datar con exactitud la construcción de los monumentos más importantes, grabando en la piedra el número de días transcurridos a partir del comienzo del tiempo (fecha de la creación).

La compleja organización del calendario maya requiere una buena base de conocimientos. Lógicamente, esto se convirtió rápidamente en el privilegio de la elite dominante, más cultivada, que lo utilizó para organizar la vida cotidiana y política, y, en el fondo, como instrumento de poder y de dominio sobre el pueblo.

Las matemáticas

Con el desarrollo de la observación astronómica, los mayas adquirieron poco a poco la costumbre de contar: las horas, los días, los meses, los años. Al poner referencias al tiempo, dominaron cada vez más los cálculos, a veces muy complejos, que se derivan de dichas referencias.

Por esta vía consiguieron elaborar un sistema de cálculo simple, pero a la vez eficaz, que en un futuro se conocerá con la denominación, un poco pomposa, aunque totalmente justificada, de *matemáticas mayas*.

El sistema se basa en la combinación de tres símbolos que, mediante la adición y la sustracción, permiten calcular el tiempo hasta fechas muy lejanas, tanto en el pasado como en el futuro. Son: el punto, que representa la unidad; el guión, que representa el número cinco; y un signo de forma parecida a una concha estilizada, que representa el cero.

Este último elemento tiene un enorme significado para los estudiosos del pensamiento maya. En efecto, el concepto de cero —el valor de esta cifra, a saber, la ausencia de unidades entre 1 y 20— era desconocido en las civilizaciones anteriores. En el mundo occidental, fue introducido por los árabes varios siglos después, hecho que demuestra el valor intelectual de la cultura maya.

Para perfeccionar este sistema de cálculo, las matemáticas mayas se basan también en una numeración denominada *posicional*, en la que la posición del número determina su valor, y aumenta progresivamente, por columnas verticales que se ordenan de abajo arriba.

Teniendo en cuenta los tres símbolos anteriormente citados, el número 9 se representa con un guión con cuatro puntos encima; el número 10, con dos guiones uno encima del otro. A partir de 20, todos los números se representan de esta misma manera, pero añadiendo un punto encima del número. Así, el 33 se escribe con el mismo símbolo que el 13 (dos guiones y tres puntos), más un punto encima que indica que se suman 20 unidades.

Este método de cálculo, además de permitir contar hasta el infinito, presenta la gran ventaja de poder ser utilizado por todos. Incluso las personas sin instrucción pueden utilizarlo para los cálculos simples de la vida cotidiana, en el trabajo o en operaciones comerciales:

> Para sumar, ponían una cifra al lado de la otra y las reducían al valor que daba la suma. Para restar, hacían lo contrario. La multiplicación era más complicada, pero podía efectuarse incluso sin instrucción y sin la ayuda de tablas. El valor del dinero [...] se fijaba en la corte, con la intervención del rey. La moneda estaba constituida por materiales preciosos, como perlas de roca verde, perlas de conchas de ostras rojas espinosas, grano de cacao, prendas de algodón y sal marina[7].

La escritura

Junto con el calendario y las matemáticas, la escritura es la tercera forma de expresión del pensamiento maya. Plasmada en las paredes de los monumentos, en las escaleras de innumerables templos, grabada en estelas de piedra, en bajorrelieves, esculpida en la madera, cincelada en figuri-

---

7. RUDDEL, Nancy: *El Misterio de los Mayas,* Museo canadiense de las civilizaciones, 1995.

llas, dibujada en las piezas de cerámica, pintada en las paredes de las sepulturas o trazada hábilmente en los códices, es el elemento que superará el paso de los siglos con mayor persistencia, reflejando un rigor sin igual en Centroamérica y, sobre todo, revelando con el tiempo una capacidad de expresión destacable desde todos los puntos de vista.

> Los códices mayas estaban hechos de piel de ciervo o de láminas de papel fabricadas a partir de cortezas de árboles; estaban cubiertos con una capa fina de yeso y se doblaban como un biombo. Las inscripciones eran hechas por hábiles escribas. La mayor parte de los libros se ha perdido, quemados en el siglo XVI por los españoles, que intentaron convertir a los mayas al catolicismo. Los pocos libros que se conservan son una fuente inagotable de información acerca de las creencias religiosas de los mayas, del calendario y de las celebraciones. En ellos se puede encontrar, en forma de dibujos o de símbolos, enseñanzas sobre los dioses asociados a cada día, sobre las tablas astronómicas que predicen los ciclos de Venus y los eclipses solares[8].

Considerados obras de Satán, miles de textos mayas fueron quemados en auto de fe por los inquisidores españoles.

---

8. RUDDEL, Nancy: *El Misterio de los Mayas,* Museo canadiense de las civilizaciones, 1995.

El sistema de escritura maya es uno de los cinco desarrollados a lo largo de la historia, y el único sistema completo elaborado en el continente americano:

> Un sistema muy parecido al japonés moderno y a los jeroglíficos egipcios. Los escribas mayas podían escribir palabras recurriendo a los ideogramas individuales que representaban conceptos, o utilizando combinaciones de signos que formaban fonemas, igual que en el sistema de escritura indoeuropeo[9].

Consiste en una combinación de ideogramas y de caracteres fonéticos contenidos en un silabario codificado. Los caracteres de la escritura maya, de tipo jeroglífico, tienen formas simples y formas elaboradas. Representan perfiles de cabezas o de cuerpos enteros de personas, animales o dioses. La combinación de las palabras y de las sílabas permite formar todos los vocablos de la lengua maya.

No se puede hablar de un «abecedario» maya. Se trata más bien de caracteres individuales y de imágenes dispuestas en columnas. Por ejemplo, en el periodo «clásico», los textos mayas están dispuestos en dos columnas que se leen juntas de izquierda a derecha y de arriba abajo.

---

9. *La civilización maya*, CD-Rom, Alsyd et Sumeria, 1996.

Actualmente, gracias a los estudios realizados para establecer una correlación entre los dialectos mayas modernos y el sistema antiguo de escritura se pueden interpretar más de 650 de los 800 ideogramas conocidos.

Al igual que las matemáticas y la astronomía, la escritura y la lectura estaban reservadas casi exclusivamente a una pequeña minoría formada por las personas que tenían el poder. De hecho, saber leer y escribir era excepcional, hasta el punto de que saber alinear los signos con un sentido particular era considerado un don divino.

La función de la escritura no era solamente transmitir conocimientos y sabiduría, sino también reforzar y consolidar el poder, por lo que se convirtió en un instrumento de propaganda muy eficaz. Las inscripciones grabadas en los monumentos de piedra tenían el objetivo de presentar al pueblo —y también a los aspirantes al poder— la mejor imagen de la elite reinante y de sus realizaciones para la comunidad maya, desde su descendencia noble y mítica, hasta la justificación de su poder político y militar.

Una dimensión espiritual de la existencia

La astronomía, las matemáticas y la escritura elaboradas por los mayas no representan simplemente una serie de medios de los que disponían con un objetivo práctico. Más allá de las veleidades de poder, ponen de manifiesto una necesidad de saber, de buscar, una voluntad de entender, que llevaron a este pueblo hacia los aspectos esenciales de la existencia.

En realidad, al margen de las contingencias concretas, estos tres instrumentos tan eficaces adquieren todo su significado en la relación que justifica su propia existencia, es decir, en los estrechos vínculos que mantienen los mayas con los dioses. Cuando los astrónomos, los matemáticos o los escribas salen a la palestra y dan libre curso a su inmenso talento, se sitúan en realidad en una dimensión espiritual de la existencia.

Lo que nos revelan y nos enseñan estas tres disciplinas fundamentales del pensamiento maya es una espiritualidad latente, que surge detrás de cada observación del cielo y detrás de todos los gestos y los actos de la vida de cada día.

El universo maya se afirma como algo más que material. Se presenta en una perspectiva mucho más amplia y extensa, ilimitada en el espacio y en el tiempo. La civilización maya permanece anclada en su época, atada a las exigencias terrenales y temporales del momento, pero de pronto adquiere un aura más ligera, procedente de los valores más espirituales que existen, y a través de ella alcanza la plena esencia de la humanidad.

Bienvenidos al corazón de la espiritualidad maya.

La religión maya

Doctrina

Todos los viajes son reveladores. Detrás de lo que normalmente tiene la forma de un simple desplazamiento en el espacio, se perfila en realidad algo más que un anodino cambio de lugar. Del mismo modo que nos abre los ojos a nuevos paisajes, a otras facetas del mundo, el viaje también nos ofrece un enfoque nuevo de nuestra vida cotidiana.

En este sentido, el viaje es rico en las más variadas enseñanzas, a pesar de su componente temporal y de que no nos lleve al otro lado del planeta. Lo esencial no es ir lo más lejos posible, sino irse, «desarraigarse» durante unas horas o durante unos días, lo justo para verse de una manera diferente.

Si a ello le añadimos un desplazamiento en el tiempo, hasta llegar a unos siglos antes del nuestro, todo cambia. La inmersión en otra versión de la realidad es tan profunda que afecta directamente a la humanidad más esencial, a aquello que, detrás de las apariencias, de las costumbres y de los idiomas, es común a todos los hombres de todos los tiempos.

La simple escapada para alejarnos de las obligaciones diarias, como nos parecía en un principio, se nos aparece más cargada de sentido, se nos revela «iniciática», por decirlo de algún modo. Es uno de aquellos recorridos que se sabe dónde empiezan pero cuyas etapas y conclusión son siempre inciertas, como los meandros de un laberinto antiguo.

El viaje por el espacio y el tiempo que emprendemos hoy es otro de esos episodios singulares que, bajo la apariencia de una exploración lejana, lleva al individuo a sus propios orígenes.

No hay que ser un gran sabio para captar en la evolución de toda comunidad, en la tendencia innata a mantener y perpetuar la vida, a definir los usos y costumbres, a desarrollar una civilización, las aspiraciones del ser humano a crecer, a superarse, a dotar a la vida de un sentido muy por encima de lo meramente terrenal.

El hombre tiene esta característica, que le diferencia de las demás especies del planeta: está ligado a la materia —a través del cuerpo en el que vive y que le sirve de «vehículo»—, pero a la vez es capaz de evadirse de las contingencias materiales, gracias a su cerebro, y de alcanzar las esferas más etéreas del pensamiento. Esto le permite acceder al mundo del espíritu, donde las barreras se difuminan, las apariencias se diluyen, las palabras pierden el sentido para dejar lugar a lo esencial. Allí florece la espiritualidad, germina la fe en la vida y en los hombres; allí el misterio de la creación se manifiesta con toda su luz a quien sabe aproximarse pacientemente.

La civilización maya no es diferente en esto. Se nos revela como artífice de una grandeza de espíritu preciosa, que se nos ofrece como una joya en el seno de la exótica vegetación de la selva de América central.

Ante nosotros se expresa de pronto una fe auténtica, un universo de creencias sabias y sutiles, una vibración indígena rebosante de espiritualidad que, inefablemente, a su manera, cálida y coloreada, nos lleva hasta los orígenes de la humanidad.

El nacimiento
de la religión maya

C on el desarrollo de la astronomía y las matemáticas, la elaboración de calendarios y la creación de un sistema de escritura completo, los mayas no sólo evolucionaron como civilización, sino que construyeron los cimientos de una cultura en todos los sentidos de la palabra.

De hecho, impulsada por esta fuerza a la vez científica y estética, la cultura maya, gracias a sus realizaciones intelectuales, se elevó al primer rango de la historia de la cultura india en todo el continente americano.

En efecto, sin negar sus orígenes olmecas y zapotecas, se puede otorgar a los mayas una identidad propia, que lograron imponer a sus vecinos con fuerza y originalidad, especialmente entre los años 200 y 700, periodo que representa la época de su máximo apogeo.

Sin embargo, sería demasiado reduccionista contemplar sólo estos aspectos de la vida cotidiana del pueblo maya, pues, como ya hemos señalado, en su búsqueda intelectual y de la organización social subyace una fe profunda que, en muchas ocasiones —en todas las ocasiones—, se convierte en un fervor religioso constante, que se insinúa en cada pensamiento, cada acto, cada decisión, aunque su importancia sea mínima.

De hecho, el universo maya, tan sólido y estructurado en sus realizaciones materiales, no se puede concebir, desde su origen, sin la fe y la creencia. Desde la noche de los tiempos, la religión ha sido parte integrante de la cultura maya. Por consiguiente, no se puede hablar de esta sin evocar su componente religioso.

La fe en la vida cotidiana

Mirándola de cerca, es evidente que toda la organización social maya tiene un fundamento religioso. Tanto en el territorio de Yucatán, como en las tierras de lo que más tarde sería Guatemala y Honduras, las ciudades mayas eran en realidad conjuntos de poblaciones situadas alrededor de centros culturales más o menos importantes. Los entes administrativos de la sociedad maya constituían una estructura organizativa que se adaptaba a la existencia de poblaciones y ciudades-templo:

Las ciudades-templo eran grandiosas y magníficas; tenían pirámides escalonadas, coronadas por los edificios macizos del templo, plataformas que sostenían edificios rectangulares, conocidos con el nombre de *palacios* (pero que probablemente eran almacenes), torres manifiestamente dedicadas a la observación astronómica; grandes espacios cuadrados abiertos al cielo se destinaban al juego de pelota ritual, y estelas, en las que figuraban las fechas importantes del calendario. Las estelas y las paredes de los edificios estaban decorados con signos jeroglíficos[10].

En estos lugares se veneraba tanto a los dioses de la agricultura, como a un cierto número de divinidades adoradas por los sacerdotes, casta muy influyente en las altas esferas del poder maya.

La propia concepción de la sociedad desde un punto de vista estrictamente humano, referido a la población, respondía desde sus inicios a unos parámetros claramente definidos. Existía una separación social evidente entre los agricultores y los granjeros, por un lado, y los sacerdotes, la aristocracia y los artesanos, por otro. Sin embargo, lo más importante es que está establecido muy claramente que el segundo grupo debe satisfacer las necesidades espirituales de todo el conjunto de la comunidad.

Con este objetivo se construyeron templos donde se honraba a los dioses de la agricultura y de la llu-

---

10. *Histoire des religions*, Encyclopédie de la Pléiade, tomo III, Gallimard, 1976.

via, del maíz y de la tierra. La astronomía y las matemáticas, que desempeñaban un papel fundamental en este ordenamiento religioso, servían para determinar con exactitud las fechas importantes para las siembras y las plantaciones. Paralelamente, la instauración de juegos rituales, como el de la pelota, tenía la función de explicar y garantizar el equilibrio del universo sobrenatural.

Por todo ello se puede hablar de un verdadero «sistema religioso» —basado en una sutil armonización entre la autoridad de los sacerdotes, que aportaba una dinámica espiritual acorde con sus propias aspiraciones, y las necesidades religiosas de un pueblo muy creyente— que durante varios siglos «fertilizó» permanentemente la cultura maya.

Para captar el alcance real de esta fe de sorprendente autenticidad, en primer lugar conviene describir el mundo tal como lo concebían los mayas.

El mundo según los mayas

El universo de la civilización maya, su entorno geográfico y la época en la que transcurre, son parte integrante de un orden cósmico general, en cuyo seno actúan fuerzas sobrenaturales que influyen en la vida de los hombres. Cada elemento del cosmos tiene un lugar y una función asignados.

El mundo de los mayas es un mundo de tres dimensiones. O, mejor dicho, que existe en tres planos o mundos distintos: el plano de la Tierra (mundo intermedio), el plano inferior (mundo inferior) y el plano celestial (mundo superior).

El plano inferior y el plano celestial forman un eje vertical que cruza el eje horizontal de la Tierra. Su concepción del mundo descansa en estos tres niveles de existencia. Para los mayas,

> un Gran Árbol, mástil central que sostiene el cielo, simboliza el eje del mundo, una línea invisible que une los tres mundos. Sus ramas alcanzan el Mundo superior, sus raíces se hunden profundamente en el Mundo inferior, y su tronco atraviesa el Mundo intermedio. Las almas iban y venían por este árbol sagrado [...]. La tierra está considerada como un ser vivo, como una tortuga que flota en un mar inmenso. Cuando los hombres mueren, caen por una grieta o una fisura del caparazón de la tortuga y van al Mundo inferior, un lugar sombrío y siniestro que rezuma miseria y pestilencia, del que no hay manera humana de escapar. Todos los días, el sol se alza en la Puerta del Este y recorre el arco celeste antes de caer a través de la Puerta de Oeste al Mundo inferior, creando la noche y el día. Cuando el sol se alza de nuevo por el este, se produce el milagro del renacimiento, y las personas están seguras de que sus plegarias por la continuidad han sido atendidas[11].

---

11. RUDDEL, Nancy: *El Misterio de los Mayas,* Museo cana-

Esta concepción tridimensional del universo condiciona toda la existencia de los mayas. La noción de árbol cósmico que sostiene el cielo es fundamental en el pensamiento maya, hasta el punto de que se convierte en omnipresente. Así, el universo está formado por estratos superpuestos donde cada uno encuentra su lugar, tanto el vivo como el difunto. Por ejemplo, el plano celestial comporta trece niveles diferentes, cada uno de ellos presidido por un dios distinto, en los que los muertos están orientados en función de la forma como han fallecido (guerrero durante el combate, inmolado en sacrificio a un dios, fulminado por un rayo, ahogado...).

En la creencia en el árbol cósmico se encuentran las razones primordiales que indujeron a los mayas a erigir en las cimas de las montañas y de las colinas sus templos piramidales, en cuyo vértice —o sea, lo más cerca posible del cielo— se construían los altares destinados a oficiar ritos religiosos.

El Mundo inferior (llamado *Xibalbá*[12]) estaba formado por nueve niveles, cada uno de los cuales era tutelado por una divinidad: se trata de los dioses del Infierno, que acogían a la gran mayoría de difuntos. Contrariamente a la concepción cristiana del universo, no hay que ver en este Mundo inferior un destino negativo, especialmente reservado a los pecadores. En la religión maya, es simplemente el

diense de las civilizaciones, 1995.

destino final de aquellos que no experimentan una muerte violenta.

> Los reyes, los sacerdotes y los dignatarios que morían en paz eran enterrados en pirámides suntuosas de nueve pisos [...] que simbolizaban los estratos de Xibalbá. Cuando alguien entraba en este mundo tenebroso, tenía que pasar por una serie de pruebas, para poner en dificultades a los repulsivos dioses que allí reinaban. Si vencía, el difunto abandonaba el mundo inferior y se convertía en un ser celestial[13].

Para entender el pensamiento maya es fundamental conocer el alcance real de esta concepción del universo, porque se trata de un elemento que condiciona cada instante de la existencia de todos los individuos que pertenecen a esta sociedad. Para lograrlo, hay que remontarse a lo que representa la base de toda concepción espiritual maya: el relato místico y sagrado de la religión.

El relato mitológico de la creación

A primera vista, las creencias de los mayas se parecen en muchos puntos a las de otras civilizaciones y culturas que se desarrollaron en el centro

---

12. *Xibalbá*: literalmente, «lugar de terror».

del continente americano. Sin embargo, detrás de esta apariencia que deja entrever aspectos comunes, se perfilan concepciones religiosas realmente originales.

Esto se debe al hecho de que los mayas eran investigadores incansables, observadores rigurosos e impenitentes del espacio. Sus observaciones astronómicas les llevaron a una concepción del mundo muy específica, con una visión global y, en definitiva, caracterizada por un punto de vista cósmico.

Sus conocimientos sobre las estrellas, los astros y los ciclos de los movimientos de estos últimos les permitieron definir el universo —y, más en concreto, su mundo— como fundamentalmente inestable, aunque previsible. Del mismo modo que la posición de cada planeta está establecida desde siempre, el lugar de cada criatura viviente también está preestablecido y responde a una alternancia de ciclos sucesivos de creación y de destrucción.

Basándose en sus observaciones astronómicas y en complejos cálculos matemáticos, los mayas creían que el universo había conocido ya una gran número de apocalipsis y de renacimientos, siguiendo ciclos precisos que estudiaron minuciosamente. Así, lograron determinar unos parámetros que condicionaban toda la vida de la sociedad maya: creían en la existencia de unos ciclos universales que duraban trece *baktuns*; puesto que un *baktun* equivale a 400 años, esto significa que el mundo se destruye cada 5.200 años. En consecuencia, dado que el primer ciclo se inició el año 3114 a. de C., deberá terminarse en diciembre del año 2012.

De hecho, toda la mitología maya descansa sobre el relato de la creación, el inicio de este primer ciclo, que explica a la vez el origen del mundo, la aparición de los hombres y, naturalmente, sus relaciones con las fuerzas divinas que rigen el universo.

La tradición espiritual de esta cultura, que al principio era de transmisión oral, tomó rápidamente otra dimensión con la creación de un sistema completo de lectura. En efecto, los jeroglíficos mayas se convirtieron en poco tiempo en un instrumento de importancia capital, no sólo de la transmisión del saber de los Ancianos, sino de la historia del mundo en general y del papel que corresponde a cada uno.

Los ideogramas y los signos fonéticos aparecen, en primer lugar, en las paredes, los bajorrelieves y las escaleras de los templos, en las salas funerarias, pintados en las cerámicas o esculpidos en la madera.

Posteriormente, se plasmaron en forma de libro en una gran cantidad de textos sagrados que relatan toda la historia del mundo o parte de ella. Así nacieron miles de códices, ecos de los orígenes mitológicos de la civilización maya.

Uno de estos manuscritos típicos doblados en forma de acordeón, impregnados de cal y con ilustraciones pintadas con tintas de colores es el conocido como *Popol-Vuh* («Libro del consejo»). Con el paso del tiempo, se convirtió en una de las principales fuentes de conocimiento espiritual maya, revelando a lo largo de sus páginas cubiertas de signos evocadores los arcanos de la creación del mundo, tal como la concebían los Ancianos.

No obstante, prácticamente todos los documentos fueron destruidos o quemados por los españoles durante la conquista. Sólo algunos escaparon milagrosamente del alcance de los conquistadores, entre ellos el códex de Madrid, el códex de París o el códex de Dresde

La creación de la Tierra

La historia de la creación constituye el primer relato de la mitología maya. Explica cómo fue creado el mundo, mucho antes de la aparición del primer hombre.

Al principio no había nada, excepto una especie de vacío, el cielo y el mar primordial. Ni hombres, ni animales, ni árboles, ni rocas.

Fue entonces cuando la Pareja creadora, representante divina de los principios masculino y femenino, decidió concebir el mundo. Para ello, lanzó una cuerda y creó las cuatro esquinas del cielo-tierra. Así se cumplió la primera creación.

Luego llegó el tiempo de modelar la Tierra. Este fue el objeto de la segunda creación, que consistió en plantar tres piedras del hogar celestial y levantar el cielo —hasta entonces situado inmediatamente por encima del mar primordial— para desalojar el agua y hacer aparecer la plataforma terrestre. El retroceso de las aguas dejó al descubierto las montañas y los bosques, los lagos y todo lo que constituye el planeta. Fue entonces cuando nacieron los animales, los pájaros y los insectos, todos con una función en este nuevo mundo.

Sin embargo, la Pareja creadora no logró concebir seres capaces de hablar, de rezar, de seguir el paso del tiempo y, sobre todo, de honrar a los dioses como se debía. Después de varias tentativas infructuosas, los Creadores del mundo decidieron que un diluvio debería destruir la Tierra, para que pudieran comenzar la creación por tercera vez. Y así fue.

El sol, la luna y las estrellas

La tercera generación engendró un nuevo mundo: el de los Gemelos heroicos. Empezó cuando dos dioses gemelos, Un Hunahpu y Sept Hunahpu, jugaban divertidos a la pelota. El ruido que hicieron despertó la ira de los señores supremos del reino subterráneo de Xibalbá: Un Muerto y Sept Muerto.

Esos últimos instaron a Un Hunahpu y a Sept Hunahpu a que los acompañaran al Mundo inferior, donde serían juzgados y les impondrían una serie de pruebas. Al finalizar, los señores de Xibalbá ejecutaron a los condenados y enterraron sus cuerpos en el terreno de juego de pelota del Mundo subterráneo.

> Los señores le cortaron la cabeza (a Un Hunahpu) y la colocaron en un árbol para que sirviera de advertencia para los demás. Un día, una hija de Xibalbá, llevada por la curiosidad, fue a ver el cráneo, el cual le pidió que abriera la mano. El cráneo le escupió en la palma y la fecundó. El padre de la joven se enfureció, y la precipitó al Mundo intermedio de los humanos, donde encontró refugio en casa de la abuela de sus bebés. Dama Sangre —así se llamaba la joven— llamó a sus gemelos Hunahpu y Xbalanque[14.]

Los chicos vivieron grandes aventuras. Aprendieron a jugar a pelota y les gustó tanto que en poco tiempo corrieron la misma suerte que su padre y su tío, y fueron llamados también al Mundo subterráneo. Pero eran más inteligentes que sus predecesores y mantuvieron a raya a los Señores del reino de los Muertos, desafiándolos al juego de pelota.

> Finalmente, ofreciendo una representación ante los Señores de la Muerte, por orden de estos, les convencieron de dejarse sacrificar y, cuando estuvieron muertos, los gemelos no los devolvieron a la

---

13. ALLAN, Tony, y Tom LOWENSTEIN, *Ritos de América central,* col. «Mitos y creencias populares», Time-Life Books, 1997.

vida. Fue así como expulsaron a las gentes de Xibalbá del mundo de los humanos. Los gemelos se entregaron al juego de pelota, resucitaron a su padre y a su tío (que son dos formas del dios del maíz). [...] El último acontecimiento de la tercera creación tuvo lugar cuando los gemelos se enfrentaron al Pájaro celeste, Sept-Ara, un ser bello pero vanidoso, que decía ser el sol en persona y exigía que todos le adoraran. Los gemelos decidieron dar una lección a Sept-Ara y a sus hijos, y le lanzaron una piedrecilla con su cerbatana. La piedrecilla le dio en un diente, causándole un vivo dolor. Desesperado, pidió ayuda a su abuelo, quien dijo verse obligado a arrancarle los dientes y los ojos a Sept-Ara. Hecho esto, todo el mundo vio a Sept-Ara tal como era, y su prestigio desapareció. Sus hijos continuaron haciendo el mal y atrajeron a cuatrocientos chicos a su casa, hicieron que se derrumbara el techo y los mataron a todos. Cuando los gemelos subieron de Xibalbá, uno de ellos se convirtió en el sol y el otro en la luna. Los chicos que habían muerto ascendieron con ellos y se convirtieron en estrellas[15].

Los primeros hombres

La cuarta creación llevó al mundo a los primeros humanos. Después de los intentos infructuosos en

---

14. RUDDEL, Nancy: *El Misterio de los Mayas,* Museo canadiense de las civilizaciones, 1995.

los que se habían creado criaturas humanas con tierra y barro, y luego seres de madera, esta vez la Primera Madre modeló los primeros seres humanos dignos de este nombre con una pasta de maíz y agua:

> Ella molió el maíz nueve veces y se convirtió en carne humana, la suciedad del agua en la que se había lavado las manos se convirtió en la grasa humana. Estos humanos eran seres perfectos y lo sabían todo. […] Los Creadores […] temían que los humanos pudieran verlo todo, a través de la tierra y del cielo, hasta los límites del universo. Los humanos eran entonces como dioses, así que los Creadores decidieron nublarles la visión, para que no vieran claramente lo que tenían cerca. Así, la humanidad quedó miope definitivamente[16].

Las estrechas relaciones entre los dioses y los hombres

Con la creación de los primeros hombres toma forma el universo de los mayas, uniendo para siempre a los humanos y a las divinidades que los engendraron en una relación muy estrecha.

En efecto, no se puede entender la espiritualidad latente, la religiosidad cotidiana del pueblo maya si

---

15. RUDDEL, Nancy: *El Misterio de los Mayas,* Museo canadiense de las civilizaciones, 1995.

no es a la luz del «relato de la creación»: todo ha salido de allí y todo vuelve al mismo lugar; es el punto de referencia inmediato y permanente, la referencia en todas las ocasiones.

La vida cotidiana se organiza en dos planos distintos: lo concreto y palpable, es decir, todo aquello relacionado con esta materialidad en la que el individuo debe forjarse una trayectoria, y una espiritualidad de todos los instantes, inherente a la vertiente abstracta de la existencia, en la luz de lo esencial donde están los dioses y los espíritus, revelando un universo sin límites.

Los hombres deben su existencia a los dioses y, por esta razón, no cesan de honrarlos durante toda la vida, de prodigarles ofrendas y de ofrecerles comida, de dar las gracias a través de incontables ceremonias a quienes les dieron la vida.

Una gran cantidad de detalles del relato de la creación se integran —de forma simbólica— en la vida cotidiana, como son las tres piedras colocadas originalmente en el centro del mundo y que se encuentran en todas las viviendas mayas en el centro del fuego de la cocina. Si en el plano divino sirvieron para centrar el cosmos y levantar el cielo, en el plano humano son un altar simbólico del que se levanta el humo, llevando las oraciones de los hombres hacia el Mundo celestial.

De la misma manera, las cuatro esquinas de la Tierra trazadas en la primera creación se convierten en cuatro puntos cardinales sagrados. A cada una de las direcciones se asocia un árbol, un pájaro, un color y un dios.

Al considerar que toda energía es espiritual, los mayas construyeron sus ciudades y sus centros ceremoniales, desde los más humildes hasta los más suntuosos, alineando las construcciones en los puntos cardinales, con el objetivo —aparte de la funcionalidad estrictamente material— de crear unos paisajes sagrados. De este modo, los hombres afirmaron su voluntad de crear en el mundo material un ordenamiento perfectamente coherente con las referencias y las normas divinas del plano espiritual.

El panteón de los dioses mayas

Las divinidades mayas son esencialmente dioses del cielo, de la fertilidad, de la muerte, de la guerra, de los trabajos, de los días. Existen los dioses de la Tierra y los dioses del Mundo inferior. Como ya hemos dicho, la creación es el resultado del esfuerzo conjunto de un gran número de dioses para desplegar el universo.

A partir de ahí, se entiende mejor por qué todos tienen una relación, más o menos próxima, con las actividades —y los intereses particulares— de los campesinos, por una parte, y, por otra, de los sacerdotes. De hecho, estando lo divino presente en todas las cosas, existen dioses para todas las diferentes funciones que se dan en la sociedad maya.

Los dioses de las actividades sacerdotales y agrícolas son los más venerados, debido a la importancia de estos sectores en la vida diaria. Existen otras divinidades que a menudo cambian de atribución, o bien comparten con otras determinadas funciones. Por ejemplo, el dios de la lluvia, Chac, que resulta ser una divinidad mayor, es a la vez uno y cuatro (uno en cada punto cardinal). Desde este punto de vista, el razonamiento especulativo de los sacerdotes, que contiene numerosos matices, no simplifica precisamente las cosas, por lo que ciertas interpretaciones exigen una prudente reserva.

El panteón de los dioses mayas merece una atención particular por su riqueza y diversidad. Además, se caracteriza por un dualismo perceptible desde la primera aproximación. Se pueden agrupar, por un lado, los dioses que hacen el bien y, por otro, los dioses que hacen el mal. Hay algunos que favorecen la vida y el bienestar (dioses de la fertilidad, de la lluvia, del maíz) y otros que sólo generan choques, dolores y violencia (dioses de la guerra, de las malas cosechas...).

Sin embargo, sería demasiado simple atenerse únicamente a esta diferenciación. Frecuentemente se encuentran matices positivos y negativos en un mismo dios, que se expresan de diferente forma según las situaciones. Siguiendo con el mismo ejemplo, Chac, el dios de la lluvia, es el símbolo de la fertilidad y se le venera por ello, pero también puede mostrarse terriblemente devastador —y, por tanto, negativo— cuando produce el granizo y arruina las cosechas, haciendo que se cierna sobre el pueblo maya la amenaza de la hambruna.

Esta percepción de la dualidad en todas las cosas —que demuestra un sentido agudo de las realidades de la vida— induce a los mayas a considerar que nada es completamente blanco o completamente negro, y que puede invertirse en todo momento en función de las circunstancias y de las fuerzas presentes. Esto hace que cada uno, independientemente de su nivel social, tenga que mantener indefectiblemente una relación constante con lo divino.

La Primera Madre y el Primer Padre

Es la Pareja creadora de la mitología maya. Todos los demás dioses son descendientes suyos. Ella es la diosa de la Luna y él recibe también el nombre de *Serpiente emplumada*; son el origen de la creación del nuevo cosmos.

Hunahpu y Xbalanque, los Gemelos heroicos

Vencieron a las fuerzas de la muerte e hicieron posible la creación de la raza humana. Se les distingue fácilmente en las representaciones, aunque a menudo estén adornados con bandas de tela rojas y blancas. Además, el rostro de Hunahpu sirve de signo para el día denominado *Ahau*, que significa «rey».

A Xbalanque se le reconoce por unas manchas similares a las de un jaguar, que lleva en el torso, las extremidades y alrededor de la boca.

Itzamna

Es el soberano de los cielos y el dios principal de los sacerdotes. Se le representa con los rasgos de un anciano barbudo, de nariz roma, con una banda adornada con una flor caída, acompañado frecuentemente por una serpiente de dos cabezas.

A imagen de la mayor parte de los dioses celestes, también puede aparecer como el dios del sol y de la lluvia.

Generalmente, se le reconocen las virtudes de un héroe civilizador, hecho que explica que en determinadas circunstancias se le considere no solamente el primer sacerdote de Yucatán, sino también el creador de la escritura y de los libros, el patrón del saber y de las ciencias.

Es el primer adivino, el primer chamán del panteón maya. Los reyes y los chamanes mayas tienen la costumbre de dirigirse a él para que el alimento sagrado sea abundante y garantice la supervivencia de la humanidad.

Ixchel

Es la compañera de Itzamna. Puede considerarse la versión maya de la «diosa madre». Diosa lunar, reina sobre las olas. Es la protectora de las mujeres, especialmente durante el parto. También es la patrona de la medicina y de la adivinación.

Se la representa sentada en un símbolo lunar, con un conejo en la mano. En los códices, tiene los rasgos de una mujer anciana y desdentada. Su cabeza representa el símbolo 1.

Chac

Al dios de la lluvia también se le llamaba el «dios de la nariz grande». Por sus virtudes fertilizantes es, sin lugar a dudas, la divinidad más poderosa, la más venerada y adorada por el pueblo maya. A menudo, se representa por medio de una serpiente, símbolo universal de la lluvia. En los códices, su símbolo son las lágrimas, símbolo de las lluvias fertilizantes.

En el cosmos, la misión de Chac es delimitar la vía entre los mundos natural y sobrenatural. Se le representa como un monstruo con apariencia de dragón, con una cabeza que recuerda la de un cocodrilo y orejas de ciervo. Sus piernas terminan en pezuñas de ciervo, con volutas de sangre y agua en los nudillos. En otras ocasiones, se le representa con dos cabezas, una que evoca el Sol y otra Venus.

El dios del sol-jaguar

Es un dios todopoderoso que vive en las altas esferas celestes. Durante el día, cuando recorre el cielo, se llama Kinich Ahau. Cuando la noche cae en la Puerta del Oeste y entra en el Mundo inferior, se convierte en el dios jaguar y adopta los rasgos aterradores de este animal. Se dice que durante la noche frecuenta las tinieblas del mundo infernal.

Ah Puch

Es el aterrador dios de la muerte, que reside en las profundidades de la Tierra. Este dios sanguinario reclama ser honrado con sacrificios humanos.

Se le representa a menudo en forma de cadáver en descomposición, con el cráneo descarnado y el esqueleto visible. Sus compañeros habituales son el perro, el búho y el dios de la guerra.

También se le denomina Yum Cimih («Señor de la Muerte»). Los mayas posclásicos y modernos lo bautizaron también con el nombre de *Cizin* («el Flatulento»).

El dios del maíz

Es un dios mayor del panteón maya y también el dios de toda la vegetación, aunque muchas plantas tienen un dios propio. Habitualmente, se le representa con los rasgos de hombre joven —puesto que la juventud se asocia al verdor de las nuevas cosechas—, la frente plana y alargada y con una espiga de maíz en la cabeza.

Los miembros de la elite maya se esforzaban en modificar la forma de los cráneos de los niños para darles el aspecto alargado del dios del maíz. Con ese fin, colocaban la cabeza del niño entre dos planchas. Dado que los huesos del cráneo de los bebés son finos y flexibles, el cráneo adoptaba una forma alargada y puntiaguda, que confería a la frente un perfil oblicuo característico. Esta práctica era muy dolorosa y algunos niños morían a causa de las complicaciones resultantes[17].

En algunos casos, el culto al dios del maíz requería la muerte de un hombre joven, ya que se creía que sus fuerzas daban más vigor a los nuevos brotes.

Al igual que el dios del sol, el dios del maíz estaba asociado a la vida y a la muerte.

K'awil

Es el dios de los alimentos y de la limosna en general. Se le asocia al poder real, originario de los dioses

---

16. RUDDEL, Nancy: *El Misterio de los Mayas,* Museo canadiense de las civilizaciones, 1995.

e introducido en el Mundo intermedio por el rey, que devuelve los favores en el plano divino con limosnas de comida. A veces se le representa con una hacha que le sobresale del cráneo, y una de las piernas transformada en serpiente. También puede tomar la forma del cetro que portan los reyes en las ceremonias rituales como símbolo de su acceso al trono.

Itzam-Yeh

Conocido con el nombre de *Pájaro serpiente*, o también *Sept-Ara*, esta divinidad está asociada a las cuatro esquinas del templo delimitadas en la primera creación. Es él quien se encarga de determinar los cuatro rincones del templo —especialmente en la parte alta de las pirámides—, que reproducen simbólicamente la cima de la montaña sagrada. Recordemos que Sept-Ara creyó ser el sol y fue abatido por uno de los Gemelos heroicos.

Por otra parte, los reyes mayas llevaban una toca, hecha de plumas largas y brillantes de quetzal[18], que es una representación simbólica de Itzam-Yeh.

Además de estas divinidades principales, existen muchas más de menor importancia, aunque tam-

---

17. RUDDEL, Nancy: *El Misterio de los Mayas,* Museo canadiense de las civilizaciones, 1995.

bién presentes en la vida cotidiana. Son dioses consagrados a los diferentes lugares y estaciones, a las tareas diarias, a los días, a los meses, a los años, a los katunes.

Esto permite entender la complejidad de las relaciones que mantenían los mayas con sus dioses, relaciones que requerían permanentemente la intervención de numerosos sacerdotes, integrantes de una importante jerarquía en el vértice de la cual estaba el rey que, por su linaje y su función, era el primer intermediario entre los hombres y los dioses en todas las ocasiones oficiales.

El poder real y los dioses

El rey, personaje principal de la sociedad maya, estaba investido de prerrogativas particulares ante los dioses. Su posición no podía compararse a la de ningún otro ser de su reino, ya que se le consideraba una encarnación divina, y no una cualquiera, sino la del Gran Árbol central —descrito con exactitud en el relato de la creación—, el eje del mundo que toma energía divina para penetrar en el mundo material.

Esto significa que los dioses se comunicaban con los hombres a través del rey. La buena o la mala comunicación —comunión— de los hombres con los dioses era, pues, responsabilidad del rey, a la vez intermediario e intérprete, y también abogado de las causas humanas ante las divinidades superiores. Por esta razón, el rey, rodeado de los nobles del reino, oficiaba en primer lugar en las celebraciones rituales y religiosas que se llevaban a cabo en las plataformas de los templos de las pirámides, erigidas en lugares sagrados donde se concentraba la energía espiritual.

El papel divino del rey explica la voluntad permanente de aproximarse a los cielos, que se tradujo, con el paso de los siglos, en la construcción de los templos más recientes «por encima» de los que había anteriormente, lo cual desembocó en la construcción de pirámides de una altura considerable —algunas encierran hasta once altares destinados a dar culto a los dioses—, siempre más próximas al cielo donde residían las divinidades honradas por el soberano y los sacerdotes.

El pueblo, por su parte, observaba las ceremonias rituales y las danzas sagradas, escuchaba religiosamente los encantamientos, agrupado de forma masiva en las plazas situadas al pie de las pirámides, antes de participar en las grandes fiestas y conmemoraciones, que se convertían en ocasiones de afirmar una fe profunda expresada en múltiples formas de culto.

Cultos y ritos mayas

Rendid pleitesía,
agujereaos las orejas,
heríos los codos,
sacrificad,
esta será vuestra acción de gracias a los dioses.

Todos los personajes que van a formar parte de la grandeza de la civilización maya están en su lugar: los hombres, ansiosos por desarrollar su cultura, por afirmar sus esperanzas; los dioses, en el origen de este mundo como un eco de las creencias humanas.

Todo está listo para que se cumpla el rito, la ceremonia, el encantamiento, el sacrificio, configurando de diversas maneras un mensaje único que destaca, día a día, el estrecho vínculo que une a los mayas con sus dioses.

Los templos son erigidos en el corazón de la selva de Yucatán y de las otras provincias mayas; los frescos, esculpidos con la inspiración tradicional; los altares se alzan en la parte superior de las majestuosas pirámides para acercarse más a la morada de los dioses.

Solamente queda dar un aspecto concreto a esta devoción, a esta veneración que acompaña los actos más corrientes de la vida cotidiana. Sólo queda fundir las palabras y los actos de los hombres en un don ofrecido a quienes generaron la humanidad. Es en ese momento cuando los sacerdotes mayas intervienen.

El papel primordial de los sacerdotes en la sociedad maya

La aplicación de la religión maya corre a cargo de una casta de ministros del culto, formada por sacerdotes fácilmente identificables por sus hábitos de colores tornasolados —rojo sangre—, con adornos majestuosos, como pieles de jaguar, joyas de jade, plumas de quetzal y cofias muy altas que adornaban con flores. Algunos incluso decoraban sus dientes con los más refinados adornos.

En realidad, dejando de lado su función puramente sacerdotal, los sacerdotes eran verdaderos aristócratas, maestros por herencia cuyo poder les confería un monopolio casi absoluto tanto en el campo del saber como en el terreno de las riquezas.

Globalmente, el culto se encuentra bajo el control de uno o dos grandes religiosos, que se encargan de velar por la correcta ejecución de los ritos en función de las indicaciones astrológicas y astronómicas que rigen la vida religiosa.

Los sacerdotes ofician dentro de una jerarquía que comporta un cierto número de «clases», determinadas en función de las atribuciones sacerdotales y de las misiones confiadas a estos intermediarios entre los hombres y los dioses. Además de los encargados de instruir a los aspirantes al sacerdocio, los más visibles eran los sacerdotes del sol, que presidían los sacrificios, o también los *chilán* («profetas»), que tenían el poder de entrar en trance y de predecir el futuro.

La casta sacerdotal se encargaba de llevar a cabo todas las ceremonias relacionadas con el calendario litúrgico establecido de acuerdo con el ritmo anual de la vegetación. Cada mes tenía sus propias celebraciones, que generalmente incluían ofrendas de incienso, de alimentos y de bebidas, danzas y escarificaciones rituales, sacrificios de todo tipo, todo ello acompañado de periodos de ayuno más o menos largos.

El sentido profundo de los ritos y otras operaciones culturales

En una religión los cultos y las creencias son, generalmente, el reflejo concreto y palpable de una mitología profundamente enraizada en el pensamiento popular. Constituyen un lenguaje que define y delimita el espacio de comunicación entre los hombres y sus dioses. La mitología es el fundamento, el culto es el marco y el rito, el instrumento.

La religión maya no escapa a esta regla en la que la mitología está perfectamente integrada en los cultos y en las creencias religiosas. En definitiva, los mitos mayas justifican, explican y aglutinan todas las operaciones culturales. Por esta razón, el culto —en su dimensión genérica— se convierte rápidamente en el centro de gravedad alrededor del cual se organizan los mitos y los ritos.

Esto es todavía más importante por el hecho de que el mundo maya era una civilización agrícola. Su religión, por necesidad, estaba inevitablemente ligada a las incertidumbres de la agricultura y generaba, por este motivo, un gran número de intervenciones rituales, que equivalían a otras tantas intercesiones ante los dioses para que facilitasen la vida cotidiana, y sobre todo para que favoreciesen las buenas cosechas.

Así tomó cuerpo lo que se ha convenido llamar *religión oficial*, siempre patrimonio exclusivo de los sacerdotes.

Paralelamente, existía una religión rural —muy popular porque se adaptaba a las necesidades de los campesinos— que a lo largo de los siglos, y a pesar de las muchas tentativas del poder central, no se identificó nunca totalmente con la de los sacerdotes.

Es esencial entender el mecanismo de la ritualización de la vida maya, en el plano estrictamente cultural y en la vida cotidiana de cada individuo. En

efecto, todas las prácticas religiosas de la civilización maya estaban estrechamente ligadas al «relato
de la creación»: dado que los dioses crearon a los
hombres, a cambio estos debían adorar a las divinidades alimentándolas; el aporte de energía humana
debía generar, a su vez, una especie de reciprocidad, que se concretaba en la obtención para los
hombres de poderes divinos.

Los ritos mayas se orientaban a la ejecución, de
diversas maneras correspondientes a cada circuns-
tancia particular, perfectamente codificadas y clasi-
ficadas, de este intercambio permanente entre los
dioses y los hombres que se consideraba la condición sine qua non de la perpetuación de la vida humana.

Todas las ceremonias, públicas o privadas, todos
los actos religiosos, todas las demostraciones más o
menos fervientes de una fe indiscutible se inscribían
dentro de esta dinámica de expresión de una ado-
ración total hacia los Creadores del mundo maya.

Los ritos del sacrificio

En este espíritu de don, combinado con la necesidad de mostrar a los dioses cuánto se les venera
—y, por tanto, cuánto se es digno de la generosidad
con la que estos tienen la bondad de correspon-
der— se inscriben los denominados *rituales de los
sacrificios*.

Bajo este nombre genérico se agrupan todas las prácticas rituales que tienen como objetivo honrar a los dioses por medio de un sacrificio. Conociendo el refinamiento de la sociedad maya, no debe sorprender la existencia de una gran cantidad de matices para expresar con una fe vibrante —y, a menudo, espectacular— el don ofrecido a los dioses.

Los mayas consideraban que su primer deber hacia los dioses para agradecerles la creación del mundo, antes incluso de venerarlos ritualmente en el sentido clásico del término, era alimentarlos. En efecto, la continuidad de la vida en la Tierra dependía solamente del deseo divino, de aquellos dioses que en el pasado no dudaron en destruir varias veces la humanidad que habían creado para engendrar otra nueva: el equilibrio del universo de los mayas dependía en gran parte del humor de estas divinidades todopoderosas, y a veces también caprichosas, cuya cólera teme todo el mundo, y que, por tanto, conviene mantener siempre calmadas. En la mentalidad de los mayas, la vida pendía de un hilo, dependía de que los dioses estuvieran de buen humor, por lo que era necesario honrarlos en todas las ocasiones.

Desde este punto de vista, los sacrificios cruentos eran necesarios para la supervivencia tanto de los dioses como de los seres humanos. Además, la sangre humana es una de las ofrendas más apreciadas por las divinidades, más que el oro o las piedras preciosas, o más incluso que la sangre de los animales inmolados ritualmente en los altares de los templos.

Los ritos de sangre

En las más altas esferas de la sociedad maya, los sacrificios ocupaban un lugar simbólico importante. En efecto, no olvidemos que el rey era considerado una encarnación divina; además de sus prerrogativas temporales y materiales, estaba investido de un papel fundamental: comunicarse directamente con los dioses.

Y a ello se dedicaba con su esposa, su familia y la elite de la sociedad maya, especialmente en lo que se refiere a los llamados *ritos de sangre*.

En reuniones públicas o en sus aposentos privados, los altos personajes de la sociedad maya practicaban regularmente los ritos de sangre. El rey daba ejemplo haciéndose un corte en el pene con un cuchillo de obsidiana o con la espina de algún pez y dejando, a continuación, que su sangre fluyera sobre un papel colocado en un recipiente. La reina, por su parte, se pasaba una cuerda con espinas por la lengua y recogía también su sangre. A lo largo de la historia de la civilización maya, otras partes del cuerpo fueron objeto de escarificaciones, siempre con el propósito de obtener sangre humana para quemar en ofrenda a los dioses.

Después de recoger la sangre, el papel manchado se quemaba ritualmente, de modo que el humo resultante establecía un contacto directo —y fructífero— con el mundo celestial, que constituía el cumplimiento del deber hacia los dioses.

Frecuentemente, la combinación formada por la pérdida de sangre y las drogas alucinógenas que tomaba hacía que el rey entrase en un estado de trance que le transportaba al mundo de los espíritus, donde podía ver la suerte que los dioses reservaban a su pueblo.

Era entonces cuando el rey cumplía plenamente su función, derribaba las barreras entre los dos mundos y asumía al más alto nivel su papel de intermediario privilegiado entre los humanos y el mundo divino.

Los sacrificios de animales

En ofrenda a los dioses era muy habitual llevar a cabo el sacrificio de animales como codornices, perros, pavos... En las ceremonias de gran envergadura, era habitual matar jaguares, cuyos esqueletos se han encontrado en algunos templos. En todos los casos, la sangre de los animales sacrificados se ofrecía ritualmente a los dioses.

De todos modos, no olvidemos que la ofrenda de sangre humana era la mejor garantía para aplacar las cóleras divinas y evitar el castigo celestial.

Los sacrificios humanos

El sacrificio humano ha estado siempre presente en la historia de la humanidad, en diversas épocas y en las civilizaciones más importantes que han existido en todo el mundo. Siempre se han matado hombres en honor de los dioses, con la intención de preservar la vida a través de la muerte, siempre con una carga simbólica muy fuerte.

Más que describir las diferentes formas que adoptaron estos sacrificios, lo importante es destacar la estrecha relación entre la vida y la muerte, el equilibrio frágil entre el ser y el no ser, el sentido conferido al tránsito entre dos mundos.

La cultura maya no es una excepción a la regla según la cual en todas las épocas el sacrificio humano se ha inscrito en el rango de los ritos religiosos más cargados de simbolismo. El *Popol-Vuh*, texto de referencia que nos lleva a los orígenes de la civilización maya, lo tiene muy en cuenta, tal como destaca Martine Fettweis-Vienot:

> [...] el sacrificio humano fue instituido por los dioses. Era el momento en que terribles tormentas heladas amenazaban la vida de los hombres; a petición de Balam Kitzé y de Balam Aqab, dos de los cuatro antepasados divinizados de los mayas quichés, el dios Tohil ofreció el fuego para calentar a la humanidad estremecida. Sin embargo, los vientos lo apagaron rápidamente y cuando el mensa-

jero de la comunidad quiché acudió de nuevo a la morada de los dioses para pedirles ayuda, se dio cuenta de que ya no hablaban el mismo idioma. Un enviado de Xibalbá, el dominio de los muertos, convenció a las dos divinidades para que le dieran el fuego a cambio de un don. Pero el intercambio fue un engaño, ya que las palabras del mensajero divino eran voluntariamente elípticas e inducían a los hombres a equivocarse, tal como había recomendado expresamente la divinidad. El don exigido fue el sacrificio del corazón, aunque se presentó como un simple don de sangre tomada «debajo de las costillas, en la axila»[19].

El vínculo entre los dos mundos

El *Libro del Chilam Balam*—literalmente, «Libro del Jaguar Traductor»—, también se refiere a esta práctica de la muerte ritual, en la mayor parte de los casos a través de expresiones metafóricas que evocan el objeto final de estas prácticas, como por ejemplo «la muerte indolora», «la puñalada floreciente» o «la piedra roja del sufrimiento».

No se puede percibir la dimensión humana real del sacrificio y, a la vez, su valor profundamente ini-

---

18. *Quetzal*: loro pequeño de América central, de plumaje coloreado, muy apreciado para los adornos de las ceremonias.
19. FETTWEIS-VIENOT, Martine: *Danse avec les dieux. Mille ans*

ciático si se olvida que se trata ante todo de un acto ordenado por los dioses.

El sentido profundo que se da a este paso violento de la vida a la muerte, voluntario y programado ritualmente, es su aspecto más importante, y nos sirve para valorar el alcance de las costumbres y del pensamiento maya, sin necesidad de entrar en detalles sobre las técnicas empleadas —extirpación del corazón, lanzamiento de flechas y lanzas, evisceración, ahogo ritual en un *cenote*[20], decapitación, desmembramiento— que, por otra parte, evolucionaron con el paso de los años.

Como ya hemos comentado, el sacrificio humano es un punto de encuentro entre dos mundos: el de los hombres y el de los dioses. Por haber creado la humanidad, estos exigen a cambio una ofrenda que testimonie la sumisión total de los seres humanos: la ofrenda de la vida. Al principio exigen que a los sacrificados se les decapite; más tarde, pedirán que el corazón de las víctimas inmoladas en su honor sea arrancado y quemado delante de ellos.

Al margen de la convicción ancestral de que es necesario «alimentar» a los dioses, aparecen en los escritos mayas dos razones más que justifican el sacrifico humano: por un lado, el deber que tiene el hombre que recibe los beneficios de la tierra de re-

de civilisation méso-américaine, des Mayas aux Aztèques, tomo I, L'Harmattan, 1995.

tornar al ser supremo un tributo de agradecimiento mayor —¿y qué mejor que una vida humana?— y, por otro lado, el estrecho vínculo con el esquema de la muerte y del renacimiento de las culturas, tan presente en la sociedad agraria maya, ya que la sangre tiene la función de fecundar la tierra.

Sabemos que el sacrificio se consideraba una travesía de la vida hacia la muerte, una especie de puente entre dos mundos que permitía establecer el equilibrio entre ambos. En este sentido, uno de los temas fundamentales en juego es el orden del universo. Quitar la vida a un hombre, independientemente del componente espectacular de la ejecución, se convertía en un acto ritual de los más secretos y significativos:

> El sacrificio humano es más que un asesinato ritual, es un acto de piedad, un acto generalmente compartido por la víctima y por el verdugo que saben, ambos, que esta muerte es necesaria para salvar a su pueblo. Este acto tiene siempre una motivación espiritual religiosa y se rodea de un ritual elaborado que se desarrolla en un lugar sagrado. Se basa en la certeza de que existe otra vida después de la muerte, una vida mejor, pese a que frecuentemente sea una réplica de la vida en la tierra[21].

---

20. *Cenote:* del maya *tz'onot*, depósito de agua manantial, que se halla en Yucatán (Méjico) y otras partes de América.
21. FETTWEIS-VIENOT, Martine: *Danse avec les dieux. Mille ans*

De hecho, mediante los sacrificios humanos, los mayas deseaban instaurar una relación particular con la divinidad, pretendían establecer una comunidad de sangre con el dios que iba más allá de alimentarlo: querían tranquizarle y ganarse su favor. El hombre ofrecía a su dios lo más precioso que poseía, único y superior a cualquier riqueza material: las ofrendas vivas, cargadas de energía. No olvidemos que según las civilizaciones precolombinas

> [...] las divinidades necesitan sangre, especialmente el dios sol que, transformado diariamente en esqueleto después de su travesía nocturna de oeste a este, cada mañana necesita alimento sagrado para rehacer su carne y regenerar sus fuerzas[22].

Lo que en un principio puede considerarse una prueba extrema en la vida de un hombre, desde la óptica del pensamiento maya es otra cosa. Aquí no se trata de una simple ejecución sangrienta y arbitraria. Por el contrario, se trata de un «intercambio» entre dos partes que dan su consentimiento, que procede de una visión global y equilibrada del universo, de una voluntad de rearmonización permanente, cuyo instrumento ideal resulta ser el sacrificio humano.

de civilisation méso-américaine, des Mayas aux Aztèques, tomo I, L'Harmattan, 1995.
22. FETTWEIS-VIENOT, Martine: *Danse avec les dieux. Mille ans*

El mundo de los hombres y el de los dioses no pueden coexistir si no es a través de este intercambio, de este flujo de fuerzas vivientes circulando de un universo al otro, de esta reciprocidad de dones, de esta simbiosis total.

Por consiguiente, la muerte deja de ser negativa o sinónimo de desaparición, de viaje a la nada. La muerte fecunda, regenera, siembra todas las esperanzas y perpetúa la existencia. La sangre de los sacrificados nutre a los dioses, garantiza el retorno del sol y, en definitiva, mantiene la vida del universo.

Una iniciación ritual

No se puede comprender el significado del sacrificio humano en la religión maya si únicamente se considera la ejecución del sacrificado.

En realidad, el sacrificio adquiere su dimensión real cuando se contemplan globalmente todas las etapas preparatorias que conducen al acto final. Entonces aparece no como un hecho aislado, sino como la culminación de un proceso de iniciación perfectamente codificado. En otros términos, la muerte no es más que la fórmula final que justifica una preparación —de carácter eminentemente iniciático— que a veces podía llegar a ser muy larga.

El rito del sacrificio empezaba antes de la ejecución, a partir del momento de la designación de la víctima. Seguidamente, se encadenaban diversas etapas, actos preparatorios, que eran peldaños sucesivos procedentes de un verdadero «rito de revelaciones» y que permitían, al final, el acceso a lo sagrado.

El sacrificio, por la transmutación de un destino humano que se ofrece a los dioses, adquiere los visos de una muerte ritual que restaura el orden en el mundo y cohesiona la sociedad. Además, sirve de válvula de escape de la violencia de los hombres, latente en el seno de cualquier grupo social.

El sacrificio se nos muestra en otra faceta, que es el papel «pacificador» entre los hombres y los dioses, y también entre los hombres que viven en una misma sociedad. Así, el sacrificio responde a:

> [...] un estado de tensiones que se encuentra latente en todas las sociedades humanas y que fermenta hasta alcanzar un grado de violencia que no puede ser resuelto si no es con la sangre, la del ajusticiado, alrededor del cual se recuperará la cohesión. Es el precio de la armonía social. El sacrificio, además de aportar unidad en el seno del grupo humano, lo purifica, lo renueva, lo regenera, como si fuera un bautismo[23].

Visto desde esta perspectiva, el sacrificio rechaza el caos, aplaca los golpes de ira y, sobre todo, eli-

---

de civilisation méso-américaine, des Mayas aux Aztèques, tomo I, L'Harmattan, 1995.

23. FETTWEIS-VIENOT, Martine: Danse avec les dieux. Mille ans

mina la violencia del mundo humano y la devuelve a su origen:

> La violencia es un poder tan fuerte que sólo puede pertenecer a la divinidad, a lo más sagrado. La violencia se restituye a esta divinidad por medio del sacrificio[24].

Por tanto, más que como un acto aislado, el sacrificio humano se concibe como un proceso ceremonial complejo, que comporta una serie de etapas inevitables que no deben ser ocultadas.

Desde la elección de la víctima hasta la ejecución propiamente dicha, pasando por la designación del lugar sagrado donde ha de tener lugar la ofrenda, la preparación mental y física de la persona que se dispone a morir, la confirmación del papel de cada uno de los oficiantes religiosos y la ceremonia pública que completará el evento..., cada preparativo, cada detalle tiene su importancia y está cargado de un significado particular, porque representa un paso más hacia la purificación y hacia lo sagrado.

Para ver con más detalle el encadenamiento de las distintas etapas, podemos analizar el ciclo de sacrificio más corriente: el de las «guerras rituales».

---

de civilisation méso-américaine, des Mayas aux Aztèques, tomo I, L'Harmattan, 1995.

24. FETTWEIS-VIENOT, Martine: Danse avec les dieux. Mille ans

Un encadenamiento codificado de fases rituales

Para muchos pueblos, hacer la guerra puede considerarse una actividad de las más normales, pero para los mayas el mero hecho de implicarse en una relación de fuerza con un enemigo potencial reviste una importancia particular.

Según los mayas, el objetivo principal de la guerra no es conquistar territorios, ni acumular victorias o riquezas: su sentido primero es religioso. La guerra es ante todo una fiesta simbólica, cuya fecha está determinada por los astros y sus diferentes etapas cuidadosamente codificadas. Esa fecha de inicio suele producirse con la primera aparición de Venus como Estrella del Sur:

> [...] más exactamente, cuando Venus está en conjunción superior después de haber pasado por detrás del sol. Los mayas vivían «este periodo de desaparición de Venus del horizonte hasta alzarse como estrella de la mañana como un periodo infinitamente peligroso, asociado a todo lo que puede afectar a la vida en la Tierra, a los desastres relacionados con la lluvia o con las cosechas de maíz, con cataclismos y guerras[25].

---

de civilisation méso-américaine, des Mayas aux Aztèques, tomo I, L'Harmattan, 1995.
25. FETTWEIS-VIENOT, Martine: Danse avec les dieux. Mille ans

La guerra

Entrar en guerra puede requerir mucho tiempo y unos preparativos complejos, ya que en definitiva el objetivo perseguido no es tanto el enfrentamiento destinado a afirmar la fuerza contra un adversario concreto, como cumplir un ritual muy preciso cuyo primer propósito es capturar soldados enemigos para encontrar su sentido profundo en el sacrificio ritual de estos últimos.

Esto explica que, para los mayas, la guerra no se limitase a enfrentamientos violentos, sino que incluyese también largos ritos preparatorios y fiestas espléndidas.

Para la guerra se utilizaban los mejores vestidos, se lucían insignias del rango y de la graduación militar, se exhibía toda una panoplia de adornos disuasivos, un peinado sorprendente con cabezas de animales y penachos de plumas brillantes, en relación con la posición ocupada en la sociedad.

Los combates también se ajustaban a unas reglas muy precisas que reflejaban una extrema ritualización:

— se encendían fuegos en el momento de declarar la guerra y los enfrentamientos no podían empezar hasta que se apagasen;
— de noche no se atacaba al enemigo; en todas las circunstancias, se le avisaba de que se le iba a atacar, a veces incluso se le indicaba el lugar

donde tendría lugar la batalla, y se permitía que los soldados enemigos tuviesen tiempo de huir o de prepararse para el combate;

— siempre, independientemente de la magnitud de la guerra, los combates cesaban cuando llegaba la temporada de lluvias, ya que para el pueblo maya, cuya supervivencia dependía de la agricultura, ninguna perspectiva de victoria era más importante que la siembra;

— en los primeros periodos de la civilización maya, el armamento estaba compuesto principalmente por lanzas; más tarde, también se utilizaron propulsores, hondas, arcos y flechas.

La captura

El combate propiamente dicho se desarrollaba de forma inmutable:

> [...] Las batallas transcurrían en dos tiempos. Los guerreros mayas estaban organizados en escuadrones comandados por un capitán cuyo comportamiento dictaba el de sus tropas durante el combate. El inicio se anunciaba con un estruendo de silbatos, trompas y tambores.
> Al parecer, la técnica era acosar a los oponentes con una nube de armas arrojadizas: flechas, venablos, dardos y piedras, intentando desorganizarlos, hasta que el cuerpo a cuerpo era inevitable. [...] En la pelea cuerpo a cuerpo, los guerreros indios,

más que matar, intentaban hacerse con su adversario vivo, y lo agarraban por el pelo[26].

En este punto empieza el rito del sacrificio. En efecto, sujetar al adversario por el pelo, desestabilizarlo, hacerle perder el equilibrio, es privarle de su autonomía, de su rango social. Representa, de algún modo, el apoderarse del vencido, es decir, una especie de muerte simbólica. De ahí que algunos hayan atribuido a la cabellera un poder particular, ya que el hecho de cogerla significa apropiarse de la fuerza del enemigo. Esta práctica guarda una relación directa con la costumbre de los indios de las llanuras de América del Norte de arrancar el cuero cabelludo del enemigo capturado.

Los preparativos

Una vez terminada la guerra, el rito del sacrificio entraba en la siguiente fase, que consistía en preparar a los presos para su último viaje. Durante la espera, algunos eran expuestos ante las masas y los notables en grandes fiestas; otros encontraban temporalmente un lugar en la sociedad, aunque, a corto

de civilisation méso-américaine, des Mayas aux Aztèques, tomo I, L'Harmattan, 1995.
26. FETTWEIS-VIENOT, Martine: Danse avec les dieux. Mille ans

o largo plazo, el destino de todos ellos era su ejecución como ofrenda a los dioses.

Los guerreros que habían capturado adversarios los ofrecían al rey y a la comunidad en el transcurso de grandes ceremonias.

El periodo de tiempo que transcurría entre la captura del enemigo y su ejecución servía para planificar el sacrificio de modo que todas las tensiones de la sociedad, todas las obsesiones latentes, más o menos maléficas, recayesen en los presos, que se convertían de esta manera en chivos expiatorios que permitían restaurar la armonía en la sociedad maya. La tensión subía gradualmente, cada día se canalizaban un poco más las turbulencias de toda una sociedad hacia los condenados, hasta llegar a la apoteosis de la muerte final.

En la civilización maya, el sacrificio humano tenía tanta importancia que se efectuaba en un contexto especialmente elaborado para la ocasión. No era una ejecución discreta, al despuntar el sol, en el patio de un cuartel, como en otras civilizaciones donde se trataba simplemente de la «eliminación» de un individuo condenado a muerte.

En ningún momento hay que olvidar el carácter sagrado del sacrificio humano en la mitología y en el universo maya. El sacrificio no interesaba exclusivamente al poder militar, sino al conjunto de la sociedad, y a cada uno en su vida diaria. La ceremonia duraba varios días, se preparaba con minuciosidad y movilizaba a una gran muchedumbre.

Las festividades se organizaban alrededor de dos polos principales: por un lado, la tortura ritual de las víctimas y, por otro, la ejecución propiamente dicha. Con anterioridad, los sacerdotes, encargados de dirigir los ritos, pasaban por un ciclo preparatorio. Con sus asistentes, llevaban a cabo un largo ayuno, se sometían a múltiples mortificaciones y se abstenían de toda práctica sexual. Todas estas privaciones tenían como objetivo preparar los cuerpos y las almas de los futuros oficiantes para los estados de trance y las visiones extáticas que iban a experimentar al final de la ceremonia.

De forma paralela, otros asistentes se ocupaban de preparar los lugares de culto y sus alrededores, limpiándolos y purificándolos ritualmente con incienso. El día del sacrificio, los objetos de culto se depositaban sobre hojas frescas para evitar toda contaminación maléfica a través del suelo.

Las ceremonias del sacrificio

Cuando finalmente llegaba el día del sacrificio, todo estaba a punto para que la ceremonia transcurriese de acuerdo con la tradición. Los presos desfilaban en procesión, guiados por el rey, los guerreros y los oficiantes hasta los lugares de culto. Conscientes de la gran importancia del acontecimiento, cada cual llevaba con orgullo los atributos de su rango y de su función.

Apiñado al pie de los templos, el pueblo podía ver cómo conducían a los presos hacia las plataformas. Estos, despojados de su identidad y de todo rango social, no ostentaban ningún signo distintivo y llevaban un simple taparrabos, e incluso en muchos casos se presentan desnudos a la población:

> El jade de los adornos de las orejas se sustituía por tiras de tela que atravesaban el lóbulo y el collar por una cuerda alrededor del cuello. Los cabellos se recogían sencillamente en la parte superior del cráneo, y la tela que algunos llevaban en el brazo o en la mano estaba desgarrada o agujereada. La vestimenta indicaba el estado de exclusión total de estos hombres, que habían dejado de pertenecer a cualquier sociedad. Eran completamente vulnerables, estaban aislados y disponibles para asumir el papel que les correspondía[27].

Podía empezar ya la primera parte del ritual, que consistía en una sucesión de castigos corporales —siempre con un marcado carácter ritual—. Esta tortura previa de los condenados a muerte es una práctica habitual en muchas civilizaciones, como la de los mochicas, los aztecas, los indios de Norteamérica o los egipcios de la época de los faraones.

---

de civilisation méso-américaine, des Mayas aux Aztèques, tomo I, L'Harmattan, 1995.
27. FETTWEIS-VIENOT, Martine: Danse avec les dieux. Mille ans

A la humillación pública infligida a los condenados, hay que añadir el sufrimiento físico que se intensificaba progresivamente a medida que la ceremonia se acercaba a la última parte. Por ejemplo, eran prácticas frecuentes arrancar las uñas, cortar los dedos, romper los dientes.

Los sacerdotes que en última instancia iban a proceder al sacrificio se practicaban públicamente escarificaciones, para unir su propia sangre con la de las víctimas, reafirmando así su plena participación en la ofrenda a las divinidades.

Estas etapas preparatorias despojaban poco a poco a los condenados de su condición humana: después de la pérdida del rango social, de la negación de su identidad, sobrevenía el deterioro de la integridad física.

En realidad, estas operaciones rituales, sin duda crueles, tenían el objetivo de mentalizar progresivamente a los condenados para que aceptasen la proximidad de su muerte como algo inevitable, como un acto que debían asumir sin resistencia.

Para ayudarles a franquear las etapas en este proceso de separación de todo lo que conformaba su existencia hasta entonces, a los condenados —algunos de los cuales ya han fallecido a causa de las torturas— se les daba de beber balche[28], un vino reser-

_____

de civilisation méso-américaine, des Mayas aux Aztèques, tomo I, L'Harmattan, 1995.

vado para esta ceremonia, hasta que alcanzaban un estado propicio para proseguir con el sacrificio. Llegados a este punto, los prisioneros tenían los sentidos alterados, y franqueaban el umbral del dolor entrando en un estado alucinatorio.

Alrededor de los condenados, que proseguían su preparación iniciática, la atmósfera de fiesta iba subiendo de tono: carracas, tambores, trompas de madera, flautas, caparazones de tortuga martilleados a un ritmo que va acompasando la fuerza creciente de la ceremonia, reflejando la voluntad general de sintonizar con las vibraciones de la Tierra.

Paulatinamente, fuera de los lugares de culto, el resto de la población es absorbido por el ritmo que marca el sacrificio, y todo el mundo acude al lugar donde va a tener lugar la ejecución.

Para ahondar todavía un poco más en el simbolismo de la ceremonia, en los lugares sagrados los oficiantes se vestían con trajes suntuosos. Algunos escondían su rostro detrás de máscaras con rasgos de animales fantásticos. Rápidamente, lo divino, lo simbólico, lo animal y lo vegetal se mezclaban en una representación cargada de una intensa magia.

El ritmo lancinante y repetitivo de la música, mezclado con los cantos, generaba una atmósfera festiva que envolvía a todos los presentes —condenados, oficiantes, público— en un aura de palpable misticismo. En este instante, el rito adquiría toda su dimensión colectiva, implicando a todos los miembros de la sociedad maya sin excepción.

La ejecución

En el lugar de la ejecución, ya inminente, se alcanzaba el clímax de la preparación:

> Predomina el azul, el color del sacrificio. El poste de tortura está pintado de azul; la víctima está vestida de azul y rodeada de flores azules, las flores de balche, que le perfuman el cuerpo, las palmas de las manos y los pies, como si de una joven esposa se tratara. A su alrededor, los hombres que se encargan del sacrificio siguen el paso de X-kolomché, la danza de los arqueros, al tiempo que cantan los versos rituales[29].

Llega el momento de la verdad: el de la ejecución. No es un acto que se decide aleatoriamente, sino la culminación de todo lo que ha sucedido en los días anteriores, de todas las energías invertidas en la preparación minuciosa de los ritos y de la ceremonia final, de las fuerzas ocultas exhortadas por los sacerdotes, que finalmente encuentran el punto de convergencia en una apoteosis incomparable. Se alcanzan la tensión máxima y la entrega más depurada. Las fatigas y los dolores cesan bruscamente: el instante es mágico, el tiempo parece detenerse.

---

28. *Balche*: vino elaborado por los mayas, obtenido por la fermentación de una corteza en agua azucarada con miel.
29. FETTWEIS-VIENOT, Martine: *Danse avec les dieux. Mille ans*

El reo permanece echado sobre la espalda, vivo y totalmente consciente, con los ojos abiertos mirando al cielo. Cuatro sacerdotes lo sujetan por las extremidades, y entonces interviene el *nacón*, el oficiante especializado en la extracción del corazón. Todo se desarrolla muy rápidamente: el cuchillo de obsidiana abre el pecho del condenado, el verdugo le arranca el corazón con las manos y lo muestra a la masa exultante. El sacrificio se ha cumplido.

Justo en este momento, el cuerpo de la víctima pasa a ser sagrado. Para que los dioses se sacien completamente y no quede ningún rastro del sacrificio, la carne del difunto debe desaparecer. El sentido profundo del sacrificio obliga a enterrar sencillamente el cuerpo del muerto en el patio del templo, o a cortarlo a trozos, que se ofrecen a la asistencia, como un plato de honor de un banquete ritual. Lejos de una práctica caníbal destinada simplemente a la alimentación, se trata de un acto ritual a través del cual se pretende absorber la fuerza del sacrificado y, al mismo tiempo, al haberse convertido en sagrado, la energía del dios que ya es. Asimismo, el guerrero que lo había capturado recuperaba los huesos para hacerse adornos, que exhibía en las ceremonias posteriores, como prueba de su bravura.

Después de haber calmado la sed de sangre de los dioses con una o dos víctimas mediante ritos diferentes en función de las circunstancias o de los dioses honrados, pero con un desenlace idéntico, la calma volvía a la sociedad maya. El sacrificio se había cumplido: se había devuelto a los dioses lo que ellos habían dado antes a los hombres. Quedaba restablecido el orden y el equilibrio. La vida surgía de la muerte y del sacrificio, con una fuerza renovada. Mediante el sacrificio de unos individuos, se regeneraba toda la comunidad: la muerte ritual ahuyentaba los miedos y las obsesiones, borraba los desórdenes y reactivaba la energía cósmica.

Sacrificio en Chichén Itzá

Al margen del que se llevaba a cabo con los guerreros enemigos capturados en las batallas o en luchas dedicadas especialmente a este «aprovisionamiento», en la sociedad maya existían otros tipos de sacrificios humanos.

La población de Chichén Itzá, un importante centro de culto que legó como patrimonio de la humanidad algunos de los monumentos más representativos de la civilización maya, ofrece otro ejemplo de muerte ritual: la del Pozo sagrado. Al norte de la pirámide más importante de la ciudad —cuyo vértice domina el célebre templo llamado *El Castillo*— un cenote se hunde profundamente en las rocas calcáreas del subsuelo. Es el Pozo sagrado.

Cuando la región era azotada por la sequía o por el rigor de los elementos, que ponían en peligro las cosechas, los sacerdotes de Chichén Itzá aplacaban la ira de los dioses ofreciéndoles sacrificios humanos.

Así, chicas jóvenes, elegidas por su belleza excepcional, se consagraban al sacrificio, y se ofrecían a los dioses lanzándolas al pozo con joyas y objetos de valor. Si alguna de ellas lograba sobrevivir al castigo y al mediodía todavía estaba viva, se la sacaba del pozo para saber qué le habían confiado los dioses.

> Durante mucho tiempo, se creyó que la historia del pozo sagrado de Chichén Itzá era una leyenda. Sin embargo, los hallazgos realizados en el fondo lodoso han permitido inventariar una extraordinaria colección de tesoros. Mezclados con las osamentas de las víctimas que no habrían recibido el favor de los dioses, se encontraron centenares de ofrendas, que van desde las más exquisitas joyas de oro y de jade hasta los puñales de obsidiana con empuñadura labrada usados en los rituales, pasando por las máscaras y las placas de cobre u oro[30].

Los ritos funerarios

Aunque la muerte aparecía como la finalidad ritual del sacrificio humano, estaba investida de un sentido

---

de civilisation méso-américaine, des Mayas aux Aztèques, tomo I, L'Harmattan, 1995.
30. NORTON LEONARD, Johnathan: *L'Amérique precolom-*

muy particular y de unos significados tan importantes como los que están ligados a la vida. Es, pues, perfectamente lógico que la religión maya instaurara unos ritos directamente relacionados con la muerte cuya función era asegurar la protección indispensable a la persona que penetrase en el Mundo subterráneo.

No olvidemos que los mayas no concebían la muerte como el final de la existencia humana. Para ellos, era simplemente una transición, un paso de un mundo a otro que, por tanto, también estaba codificado y «señalizado» con ritos muy concretos.

En primer lugar, conviene aclarar que el destino de los muertos era diferente según el rango de la persona y el modo en que había fallecido:

> Los guerreros caídos en el campo de batalla, los que habían sido sacrificados, las mujeres muertas en el parto y los suicidas accedían a un paraíso donde disfrutaban de una vida feliz. Allí tenían alimentos y bebidas abundantes, y descansaban a la sombra de un árbol sagrado [...]. Pero la mayor parte de las personas descendía [...] al reino del dios de la Muerte, una región infernal dominada por el hambre, el frío y la aflicción[31].

Los mayas sabían perfectamente que la muerte afecta a todos los seres, y que nadie puede escapar

---

bienne, col. «Les grandes époques de l'homme», Time-Life Books, 1979.

a ella. Los poetas mayas comparaban a menudo la vida con una flor o una mariposa, breve, efímera y a veces brillante, pero que tiene una duración muy corta.

Después de la muerte, el alma humana emprendía un viaje por las nueve esferas inferiores del mundo subterráneo de Xibalbá. Viaje que recuerda el periplo, también iniciático, emprendido por los egipcios en el *Libro de los Muertos*.

El primer destino del alma humana en este universo de difuntos dependía de su tipo de muerte. En este sentido, era preferible morir joven, con toda la fuerza de la edad, en combate o voluntariamente, que viejo y enfermo. A diferencia de lo que ocurre en otras culturas que lo consideran un castigo, para un maya la muerte por sacrificio humano, ser inmolado para los dioses era un honor.

Normalmente, la gente del pueblo era enterrada, hecho que daba tiempo al difunto a prepararse para el periplo lleno de obstáculos que le esperaba en el mundo inferior.

Los guerreros muertos en combate eran incinerados, lo cual permitía que el alma se elevase directamente al cielo. Se creía que esta vivía en forma de mariposa o de colibrí volando alrededor del sol.

Las víctimas de guerra no son los únicos difuntos que ganan el cielo sin pasar por Xibalbá. Las mujeres muertas de parto tenían el mismo destino. Los ahogados o fulminados por un rayo iban directamente al reino del dios de la lluvia Taloc, en el cuarto nivel del Mundo superior, que se comparaba a un paraíso tropical.

El común de los mortales, sin embargo, estaba condenado a errar por las terroríficas entrañas de Xibalbá, donde habitaba el dios de la Muerte, representado por un búho. A veces, en el viaje le acompañaban perros, animales asociados también con la muerte.

Los mayas celebraban numerosos ritos con el propósito de preparar al difunto para que su viaje fuese lo más llevadero posible.

A este efecto, se enterraba a los muertos con productos alimentarios que les permitían nutrirse durante su estancia en el Mundo subterráneo. Se añadía también agua y algunas piezas rudimentarias de vajilla. Por si el alma la necesitaba en su viaje, se introducía una perla de jade en la boca del difunto, destinada a servir de moneda.

Es evidente que el rico no «viajaba» en las mismas condiciones que el pobre. Cuando los medios lo permitían, se organizaba una partida con gran pompa: se llevaba al muerto en una camilla hasta la tumba, en procesión, acompañado de un verdadero cortejo, al son de una música fúnebre que interpretaban varios músicos. Una vez instalado el cuerpo en su sepultura, se colocaban junto a él cerámicas pintadas, que normalmente contenían sémola de maíz y una bebida de chocolate. Para acompañar a un difunto de clase alta, era bastante habitual sacrificar a alguno de sus sirvientes y enterrarlo a su lado, para que le asistiera a la hora de afrontar los obstáculos del más allá.

El enterramiento propiamente dicho y sus rituales albergaban un significado particular: los muertos se sepultaban en la tierra para fertilizarla. Esto equivale a otorgar a los difuntos un tipo de poder que los vivos no tienen, y que explica, igualmente, el hecho de que los muertos más eminentes fueran enterrados debajo o en el interior de los templos piramidales.

Los ritos de la confesión

Además de los ritos del sacrificio humano y funerarios, que representan los hitos de la religión maya, esta contaba con un gran número de prácticas culturales, menos espectaculares pero presentes e indispensables en la vida cotidiana. En el otro extremo de las prácticas expiatorias y grandiosas de los sacrificios, existían otras más humildes y discretas, que representaban la ocasión perfecta para que cada individuo pudiera afirmar su fe, a su nivel y a su manera.

Los ritos confesionales son una clara muestra de la importancia que tenía para un miembro de la sociedad maya mantener una estrecha relación con las divinidades, a las que se invocaba con el fin de dar un sentido coherente y una dimensión espiritual a su vida.

La veneración a los dioses y el respeto a los textos sagrados eran tan esenciales en la mitología maya, incluso en el caso de los dioses menores del panteón, que forzosamente tenían que reflejarse en la vida diaria.

Las nociones del bien y del mal estaban claramente definidas, delimitadas de forma permanente por los sacerdotes, sobre todo en lo que se refiere a las ceremonias —más o menos importantes— que se celebraban a lo largo del año. En consecuencia, la noción de «pecado» se hallaba muy presente en la mentalidad maya. Para evitar que la culpa se convirtiese en una carga demasiado pesada de llevar, la religión ofrecía varias posibilidades, entre las cuales destacan la automortificación y la confesión.

Hemos visto, refiriéndonos a los sacrificios, que los cortes y la sangre que emana de ellos apaciguan a los dioses. Es el caso de algunos ritos llevados a cabo por reyes y reinas, como ya hemos explicado.

El objetivo de los ritos de confesión era descargar del peso de los errores o las debilidades ante los dioses. Al igual que los sacrificios o las mortificaciones, se trataba de expiar la culpa, de hacer acto de humildad, para no manchar la relación privilegiada que unía al hombre con las divinidades que veneraba. Para ello, se necesitaba hablar, orar, hacer salir de uno mismo todo lo que no respondía a las normas de la ética religiosa maya. Los pecados se podían confesar de diferentes maneras, todas ellas con un valor ritual:

— a solas, en un diálogo personal con el dios o los dioses, al tiempo que la sangre de la automortificación —por incisión en los lóbulos de las orejas, las mejillas, los labios, la lengua o el prepucio, con la ayuda de colas de algunos peces o de púas de cactus— fluía sobre cáscaras de maíz;
— ante un sacerdote, que servía de instrumento al pecador para aliviar su conciencia; este tipo de confesión se solía practicar al llegar a la vejez, y la persona que se confesaba debía llevar a cabo una serie de penitencias (a veces muy dolorosas) antes de ser absuelto;
— en comunidad; es, de nuevo, el recurso al chivo expiatorio: en una fecha determinada, cada uno se confesaba ante una anciana que, al convertirse en depositaria de todos los pecados del grupo, era golpeada hasta la muerte para que expiase todas las culpas que le habían sido confesadas.

Se trata una vez más de la purificación, de la depuración de las relaciones constantes con lo divino, el don total de uno mismo en agradecimiento por la creación del universo. La confesión tenía, sin embargo, una particularidad importante: los pecados cometidos adrede no necesitaban ser confesados, porque:

la falta residía en el hecho de haber sido culpable de una omisión y no de un deseo contra la sociedad[32].

Los ritos del juego de pelota

En los grandes centros de culto, como las ciudades de Chichén Itzá, Bonampak, Palenque o Tikal, consideradas ciudades santas, las ceremonias rituales y religiosas eran frecuentes. Las más importantes se celebraban con grandes fiestas, en las que participaban personas llegadas de los confines del reino:

> Los vendedores ambulantes llegados de todo el país ofrecían sus mercancías exóticas; campesinos y sacerdotes de los centros mineros se aglomeraban en los grandes patios. Estas ceremonias representaban momentos solemnes, ya que los sacerdotes de los templos más grandes tenían con sus dioses los contactos más estrechos, y nadie ignoraba que la vida de cada hombre, hasta el más mínimo detalle, dependía del favor de los dioses. El rito crucial debía seguir escrupulosamente las prescripciones dadas por los libros misteriosos conservados en el interior del templo. Si la ceremonia se desarrollaba siguiendo las reglas, y si los dioses se daban por satisfechos, la vida seguía apacible-

31. *Histoire des religions*, Encyclopédie de la Pléiade, tomo III, ediciones Gallimard, 1976.

mente. Sin embargo, la cólera o el despecho de la divinidad propiciaban con toda seguridad desastres para los hombres[33].

Algunas de estas ceremonias rituales adquirían la forma de espectáculo público, y llevaban el simbolismo del «relato de la creación» hasta el corazón de las actividades aparentemente más profanas. Este es el caso del conocido «juego de pelota».

Según la mitología maya, existía ya en los tiempos de los Gemelos heroicos, que sentían una verdadera pasión por este juego. Desde el punto de vista formal, el juego de pelota es probablemente un legado de la cultura olmeca, como muchas otras raíces culturales que enriquecieron la civilización maya.

A los mayas les gustaban tanto las reglas, el ambiente y los significados simbólicos de este juego, que construyeron más de 400 terrenos dedicados al juego de pelota en sus ciudades. Pero no nos equivoquemos: detrás del aspecto puramente deportivo, se perfilaba una significación mítica y esotérica que implicaba rituales de alta carga simbólica. Para entender su verdadero sentido, veamos brevemente el contexto en el que se desarrollaba el juego.

El terreno del juego de pelota tenía la forma de una «I» mayúscula, con laterales formados por pa-

---

32. *Histoire des religions*, Encyclopédie de la Pléiade, tomo III, Gallimard, 1976.

redes inclinadas. Sus dimensiones eran parecidas a las de una pista de tenis. Cada equipo estaba compuesto por siete jugadores, que hacían botar de un lado a otro una gran pelota de caucho, ayudándose con las caderas, los codos o los muslos. En cambio, no estaba permitido tocar la pelota con las manos o las piernas. El juego era a veces violento, y los jugadores llevaban protecciones, como guantes y prendas de cuero con un revestimiento de algodón alrededor de las caderas, las piernas y los antebrazos.

Los juegos de pelota eran programados por los astrónomos y los sacerdotes, y se disputaban en fechas muy concretas, siguiendo el calendario sagrado de 260 días. Por esta razón los jugadores exhibían collares con piedras y llevaban peinados que recordaban los símbolos de sus dioses favoritos, dando al juego una apariencia de drama cósmico.

Se celebraban dos tipos de partidos:

— los reservados a los jugadores del pueblo, que constituían una gran diversión tanto para los jugadores como para el numeroso público;
— los que celebraba la clase dominante (reyes, nobles, señores), dotados de un significado diferente, puesto que representaban un juego de guerra ritual.

Para participar en el juego, era necesario poseer una rapidez y una agilidad fuera de lo común. Se lograban puntos cuando el balón pasaba a través de un aro de piedra fijado en una de las paredes laterales o si tocaba el suelo en el lado del adversario.

El partido alcanzaba su punto álgido cuando llegaba a su fin: el capitán del equipo perdedor —raramente un señor y casi siempre un prisionero de guerra— era sacrificado y ofrecido a los dioses, en una ceremonia especial que recuerda los orígenes míticos de la civilización maya y la resurrección del dios del maíz.

> En Chichén Itzá, un largo friso de piedra representa las fases de un partido. El capitán del equipo perdedor se arrodilla en suelo, y se le corta la cabeza, con lo que se desangra por el cuello. En el centro del campo de juego hay un cráneo. Esto recuerda la escena de *Popol-Vuh* en la que Xbalanque es obligado a jugar una partida con la cabeza de su hermano. Para los mayas, el juego de pelota era como una recreación de la lucha entre los Gemelos heroicos y los señores del Mundo inferior[34].

El juego de pelota simboliza en realidad el combate a muerte que tuvo lugar durante la tercera creación, y el suelo del terreno de juego representa la plataforma terrestre que separa el mundo humano del Mundo inferior:

33. NORTON LEONARD, Johnathan: *L'Amérique precolombienne*, col. «Les grandes époques de l'homme», Time-Life Books, 1979.

Eran los dioses quienes determinaban los vencedores del juego de pelota, del mismo modo que decidían quién sería el vencedor en la guerra[35].

A la luz de esta interpretación se capta con más claridad el sentido del juego, que puede asemejarse, según las ocasiones, a rituales de guerra y de captura, al sacrificio humano, al paso al Mundo subterráneo, a la conservación del fuego sagrado...

Los grandes centros de culto

La religión maya estaba presente en todos los pueblos del reino, en los poblados más humildes, en las casas más pobres. En el corazón de estos grandes centros ceremoniales de las principales ciudades-estado es donde se apreciaba realmente la importancia y el valor de los ritos y de las prácticas religiosas.

La razón es simple: las ciudades santas mayas no constituían un imperio en el sentido convencional de la palabra, sino más bien una especie de federación. Ninguna estaba por encima de las otras —ni las dominaba— para merecer la categoría de capital. Las relaciones entre estas poblaciones impor-

34. ALLAN, Tony, y Tom LOWENSTEIN, *Ritos de América central,* col. «Mitos y creencias populares», Time-Life Books, 1997.

tantes eran extraordinariamente fluidas, y reflejaban en todas las circunstancias una identidad cultural y una evidente comunión de intereses.

Ciudades como Chichén Itzá, Copán, Palenque o Tikal adquirieron con el paso del tiempo un aura excepcional debido a su actividad religiosa y ejercieron un gran atracción en el pueblo maya. Cuando tenían lugar las principales fiestas religiosas, que a menudo duraban varios días, los mayas se desplazaban desde todos los puntos del reino para asistir a las celebraciones públicas en un ambiente de gran fervor colectivo.

Oficiando con el más puro respeto a la tradición, los sacerdotes canalizaban a las masas, organizaban las fiestas, cumplían los ritos de acuerdo con los calendarios astronómicos, en una increíble diversidad de rituales públicos y privados.

Para entender el poder de los sacerdotes-aristócratas, es importante saber que el reino carecía de un líder laico. No era una casta la que imponía su poder, sino más bien una respiración particular, un aliento que reflejaba una fe constante, y que impregnó toda una civilización a lo largo de más de un milenio.

Y, para acreditar esta fuerza de la fe maya, fue el propio tiempo el que sancionó el pensamiento maya, dejando como imagen de su grandeza para los siglos futuros, no palacios, que indicaban una riqueza efímera, sino templos colosales, centros ceremoniales de una envergadura sorprendente, edificios de piedra de extraña belleza, que se alzan altivos en el marco de la exótica selva, como un signo más de una fe profundamente enraizada en el alma de todo un pueblo.

Sobrevolando algunas de estas ciudades del pasado, se percibe realmente, despojada de cualquier artificio, la grandeza y la belleza de la civilización maya.

Tikal

Tras una larga maduración, hacia el año 600 d. de C. Tikal, una población situada en las tierras bajas del futuro territorio guatemalteco, en el corazón de la jungla de Petén, se convierte en la mayor ciudad-estado, con más de 50.000 habitantes. Se construyó una multitud de edificios, repartidos en varios complejos unidos por *sacbeob*, unas vías monumentales que recorrían los habitantes cuando había alguna celebración importante. Los numerosos monumentos de Tikal tienen una vocación pública, ya sea ceremonial, gubernamental o residencial.

El conjunto de Tikal, desde el centro hasta la periferia, abarca globalmente una superficie de 32 km^2, unas dimensiones excepcionales para la época, sobre todo teniendo en cuenta que estas construcciones se encuentran en una selva tan densa que fuera de las plazas públicas es difícil ver varios edificios a la vez.

Numerosas son las construcciones destacables de Tikal: la acrópolis norte y sus ocho templos, que sirvieron de necrópolis a los soberanos durante más de tres siglos (a lo largo del periodo clásico 29 soberanos se sucedieron al frente de la dinastía real); la plaza central y sus dos templos majestuosos, el más alto de los cuales alcanza los 47 metros; la acrópolis central, que fue durante mucho tiempo el palacio de los soberanos; el conjunto piramidal del Mundo perdido; pirámides decoradas con cresterías caladas que, en oocasiones, sobrepasan los 70 metros de altura... Tikal ofrece su magia a todo aquel que penetra en su recinto.

Desde la piedra más pequeña hasta el edificio más imponente, en todas partes se respira fe y religiosidad, la fuerza de una mentalidad impregnada de lo sagrado en todas las circunstancias. Así, las pirámides gemelas, tan características de Tikal, que fueron erigidas para celebrar los rituales del final de cada katún (periodo de 20 años), refuerzan todavía más esta sensación embriagadora, en un marco natural en el que la selva destaca extraordinariamente los vínculos con las fuerzas divinas.

Ah Cacau construyó dos grupos de pirámides gemelas, que consistían en dos pirámides con el vértice truncado y cuatro escaleras, erigidas en los flancos este y oeste de una plaza. [...] Cada grupo tiene un edificio con nueve puertas en el flanco sur, y, en el norte, un cerco con un altar y una estela que representan al soberano mecenas[36].

Chichén Itzá

Situada en la parte central del norte de Yucatán, en el corazón de las tierras bajas septentrionales, Chichén Itzá es otra joya de la civilización maya. Se trata de una vasta ciudad de varios kilómetros cuadrados de superficie, que adquirió con el paso de los siglos un gran renombre. El nombre original de la ciudad proviene de los dos cenotes que contribuyeron a garantizar su riqueza (Chichén Itzá significa, literalmente, «pozo de los Itzá»), únicas fuentes de agua que le permitieron crecer y prosperar.

Con el paso del tiempo, la ciudad se convirtió en un importante núcleo comercial y un centro ceremonial de primera línea caracterizado por la mezcla de diferentes estilos arquitectónicos.

Allí encontramos un templo monumental llamado *el Castillo*, que se alza sobre una vasta plataforma, flanqueado por cuatro escalinatas impresionantes, con sus nueve terrazas; el templo de los Guerreros de Chichén Itzá, en cuyo interior se halla el templo de Chac-Mool; el templo de los Jaguares y los diferentes conjuntos monumentales que lo

35. RUDDEL, Nancy: *El Misterio de los Mayas,* Museo cana-

acompañan; las trece pistas de juego de pelota —la de mayor superficie mide 165 x 68 m—. Todo está clara y orgullosamente dedicado a la relación entre los hombres y sus dioses.

El cenote llamado Xtoloc acabó siendo la fuente principal de agua de la ciudad. El segundo pozo, el cenote «de los Sacrificios», acrecentó su importancia debido al hecho de que se convirtió en uno de los principales elementos de las ceremonias rituales, hasta el punto de que, pasado el periodo de máximo apogeo de la ciudad, después de su completo abandono y de la caída de la brillante civilización maya, los descendientes de los mayas continuaron realizando peregrinaciones al cenote sagrado de Chichén Itzá, prodigando ofrendas de jade, vasijas, joyas, animales e, incluso, en determinadas circunstancias —que han permanecido en secreto— sacrificios humanos.

Palenque

Al hablar de las principales ciudades mayas no se puede omitir Palenque, otro centro ceremonial de primera magnitud, hundido en la selva tropical que bordea el altiplano de Chiapas. Palenque se presentaba ante la mirada y la fe de sus habitantes y de los visitantes procedentes de las regiones próximas que acudían a festejar a los dioses con ocasión de las grandes celebraciones, como una ciudad enteramente dedicada a los ritos sagrados de la religión maya. Uno de sus monumentos más destacables es el templo de las Inscripciones, en cuyo interior se encuentra el panteón de Pacal, el soberano más importante de toda la historia maya:

> Un receptáculo de piedra situado ante la pesada puerta que prohibía el acceso a la tumba contenía los huesos de cuatro hombres y una mujer que habían sido sacrificados. [...] Un sarcófago de piedra reposaba en el suelo en el centro de la estancia, recubierto por una gran losa de 3,80 x 2,20 m. En sus paredes figuraban las efigies de los antepasados de Pacal y de otros soberanos de Palenque con sus nombres en escritura jeroglífica. La losa, magníficamente esculpida, representa el descenso del difunto al más allá, como un sol en el ocaso; sobre un árbol sagrado símbolo del centro del más allá, se encuentran un pájaro celeste y una serpiente bicéfala, símbolos del poder terrestre. La escena se encuadra en un cielo con los símbolos de divinidades como el sol, la luna o Venus. El sarcófago contenía el cadáver del monarca, rodeado de una rica colección de joyas, todas de jade, y con el rostro cubierto por una máscara también de jade[37].

Asimismo, dentro del templo de las Inscripciones se encuentra el palacio de incontables salas que

---

diense de las civilizaciones, 1995.

se alza sobre un terraplén de nueve metros de alto, más de 10 de largo y 80 de ancho, y que soporta una torre de cuatro plantas. Destacan también el templo del Sol, el templo de la Cruz o el templo de la Cruz frondosa.

Tikal, Chichén Itzá y Palenque son auténticas joyas. Sin embargo, su esplendor no eclipsa otras ciudades —Copán, Uxmal, Yaxchilán, Calakmul, etc.— que, cada una en su contexto, a su escala, desempeñaron un papel fundamental en la afirmación del pensamiento maya y aportaron su granito de arena a la grandeza de una de las civilizaciones más brillantes del primer milenio de nuestra era.

A partir de la justificación de la existencia del ser humano según el relato de la Creación, la tradición religiosa maya limita el marco temporal en el que se inscribe la trayectoria de cada individuo. Proporcionando puntos de referencia a un pueblo ávido de referencias, los sacerdotes orientan las creencias y el futuro de la civilización maya. Desde la observación permanente de los astros hasta la proliferación de ceremonias y ritos, no hay nada que no proceda de una voluntad de armonización, de sincronización con la energía cósmica de la que todo procede y a donde todo vuelve.

El resultado de esta voluntad, inscrita en una misma dinámica religiosa, es una sorprendente unión espiritual entre pueblos que vivían en entornos naturales a veces muy diferentes (tierras altas, tierras bajas), que hablaban hasta 30 dialectos diferentes y que presentaban notables divergencias culturales, representadas por los tzolzil, los tojolabal, los mam, los quichés, los kekchi, los chortís, etc.

Federar distintas mentalidades alrededor de una espiritualidad común preservando la identidad y la diversidad es el reto logrado por los mayas, en una sociedad a veces violenta en muchos aspectos, pero ejemplar en lo que se refiere a su apego a los valores morales y éticos más elevados, que ponen de manifiesto una percepción de lo divino y de la dimensión cósmica del hombre en raras ocasiones igualada.

LOS MAYAS
A LO LARGO DEL TIEMPO

El impacto
de la civilización
maya

Otros tiempos, otros lugares, otras costumbres... que al viajar por el tiempo parece que sólo nos incumban a título anecdótico, en tanto que referencia lejana, instructiva, pero al fin y al cabo lejana. Ahora bien, la irrupción en el mundo maya, en sus creencias más íntimas, en sus prácticas más solemnes, en sus ritos más simbólicos, nos revela otra dimensión, nos lleva mucho más allá de la primera imagen.

Al llegar a una pirámide perdida en plena selva tropical, se levanta el telón sobre un universo tan alejado de lo que era el viejo mundo que podría parecer irreal. Y, en cambio, nuestra mirada se encuentra ante una civilización que a través de sus fascinantes ciudades nos muestra no sólo su arte de vivir, sino sobre todo su visión del universo, donde se mezcla la necesidad de creer, el sentido de lo esencial, la parte divina de todo individuo y otras facetas procedentes de un esquema de pensamiento rico y original, como si fueran las piezas de un puzzle gigantesco.

Actualmente no se puede negar que el mundo maya fue magnífico, tanto en sus aspiraciones primordiales, como en sus colosales realizaciones. Es evidente que la importancia de una cultura no se valora por el tamaño de las piedras que es capaz de desplazar, pero, a ojos del observador atento, el número considerable de templos diseminados por el reino es particularmente elocuente. Demuestra de forma clara la fortísima voluntad de existir en lo artístico, y también, de una forma más sutil, un considerable impulso hacia lo divino, portador de múltiples signos, reconocimientos, significados ocultos o revelados, iniciaciones pequeñas o grandes, aspectos propios de una fe profunda y vibrante.

La religión maya es fuerte y bella. Se encuentra presente en cada instante de la vida cotidiana, en la trayectoria de las estrellas y en la cosecha del maíz, porque establece una relación estrecha y privilegiada con sus dioses. El hombre debe enfrentarse a unas condiciones de vida a veces difíciles, y en algunos casos precarias —derivadas principalmente del medio natural y de la cultura de la época—, pero nunca se encuentra solo: sus dioses están ahí, en todas partes, en todas las cosas, para ayudarle, para apoyarle, para mostrarle el camino y finalmente acogerlo cuando su existencia terrenal llegue a su término.

El relato de la Creación, la referencia principal de la mitología maya, es claro acerca de este punto: los hombres y los dioses están y estarán unidos para siempre. Por tanto, más vale aceptarlo. Es lo que hicieron los mayas desde siempre, dando vida a una civilización en la que muchos aspectos, independientemente del paso de los siglos, demuestran haber sabido tocar lo esencial, y siguen siendo portadores de algunos de los valores más fundamentales de la humanidad.

No es de extrañar que los valores del mundo maya hayan «alimentado» a la población que vivió aquellos tiempos y se hayan arraigado en el alma de todo un pueblo para, finalmente, cruzar los siglos.

Porque es precisamente a través la dimensión atemporal como se reconoce una verdadera corriente de pensamiento, como se identifica la fuerza de un movimiento espiritual auténtico. La fe de los primeros mayas dejó su huella en la vida de pueblos enteros durante el primer milenio de nuestra era, y ha permanecido anclada sólidamente en su patrimonio espiritual, hasta el punto de que hoy día se encuentra presente en la mentalidad de los descendientes de los mayas.

El tiempo ha pasado, el mundo ha cambiado, las épocas se han sucedido, las civilizaciones han evolucionado, pero lo esencial ha permanecido en el corazón y el alma de los mayas: el vínculo íntimo con lo divino que trasciende todos los rigores y todas las dificultades y da a la vida su verdadero sentido.

La civilización maya a lo largo del tiempo

Se ha dicho que toda grandeza lleva en sí misma la semilla de la debilidad. Del mismo modo, el equilibrio se debe a una sabia dosificación de ínfimas variaciones que no son más que desequilibrios potenciales. El brillo y las suntuosas realizaciones del mundo maya no escapan a estas reglas inmutables: en el corazón de las ciudades en su mayor apogeo aparecen los signos anunciadores del declive.

En efecto, el progreso y las prácticas religiosas, que nutren abundantemente un fervor popular sin límites, no pueden ocultar la fragilidad latente de la sociedad maya. No olvidemos que no existe un Estado maya, sino una especie de confederación de ciudades más o menos importantes, con unas referencias sociales y culturales comunes. Sin embargo, en algunas circunstancias es preferible contar con el respaldo de un poder fuerte —militar— para superar las adversidades y continuar existiendo.

Los mayas no fueron nunca guerreros ni conquistadores. Los únicos combates que protagonizaban servían generalmente para cubrir las necesidades de sacrificios humanos. Más que expandirse apoyándose en las armas, la civilización maya se desarrolló gracias a su propia mitología, asumiendo plenamente una visión del universo que hizo suya y enriqueciendo su patrimonio étnico y cultural.

En el apogeo de su desarrollo, la sociedad maya vivía en paz, y resolvía los pocos problemas que se planteaban con sus vecinos sin conflictos mayores. Cuando las influencias exteriores se hicieron demasiado acuciantes, generalmente acabaron siendo asimiladas con más o menos rapidez, hasta que quedaron diluidas en el universo maya. De esta manera, la identidad maya consiguió forjarse y afirmarse a lo largo de los siglos.

El fin del periodo clásico

A finales del siglo VI se perfilaron cambios importantes en el horizonte. En primer lugar, el hundimiento de la ciudad mexicana de Teotihuacán, que durante siglos irradió en toda América central un aura de conocimientos y de espiritualidad.

Aunque nunca llegó a alterar las tradiciones mayas, su influencia cultural fue considerable, y contribuyó en gran parte en la formación de una identidad intelectual propiamente maya. Su caída pareció acabar con las esperanzas de una época y marcar el inicio de una era de cambios profundos.

Otro exponente de la época, Monte Albán, una soberbia ciudad del valle de Oaxaca, también fue despojado de su poder e invadido por los mixtecos. Es la época en que, procedentes del norte de México, las hordas de bárbaros empezaron a avanzar por los territorios del altiplano central.

Las tierras bajas del país maya todavía no se vieron realmente afectadas por estos sobresaltos bélicos, pero no faltaban signos precursores de un futuro turbulento. En las fronteras, las presiones de etnias extranjeras se hacían cada vez más frecuentes. A ello hay que añadir, en el seno de la propia sociedad maya, las inevitables luchas de poder en las altas esferas de la aristocracia, así como un endurecimiento de la clase reinante, y la subida al trono en algunas ciudades de dinastías claramente guerreras, lo cual se tradujo en la progresión de un militarismo sinónimo de peligro. Era evidente que el tiempo del equilibrio y de la armonía formaba ya parte del pasado.

Este progresivo desmembramiento se extendió poco a poco a toda la sociedad y acabó afectando a todos los aspectos de la misma. El universo religioso, la esfera de lo espiritual, también sufrió un proceso de descomposición cada vez más inevitable. Un ejemplo ilustrativo es la disminución del ritmo de construcción de edificios en honor a los dioses, especialmente en conmemoraciones de fin de ciclo, como las de katún. Este fenómeno es indicativo de una progresiva debilidad del culto y de los rituales que se relacionan con este tipo de arquitectura:

> [...] en el año 790 [...], 19 ciudades erigen monumentos, mientras que en el 810 [...] sólo lo hacen 12 ciudades; y la tendencia descendente se acentúa de forma dramática hasta llegar a los tres monumentos inaugurados en el 830, en el umbral del segundo baktún[38].

Lo que para algunos podría significar una simple crisis del espíritu edificador por parte de los constructores mayas denota una realidad bastante más preocupante: se trata sencillamente, y todos los signos lo confirman, del declive de la civilización maya. Corrobora esta tesis el hecho de que la decadencia se fue extendiendo a las principales ciudades: Copán, Yaxchilán, Piedras Negras, Quiriguá, Oxkintok, Tikal, Jimbazl, Uaxactún, Chichén Itzá... Una detrás de otra parecen perder el alma, y su identidad se diluye en una especie de hibridación cultural en la que se ven claramente favorecidas las influencias externas.

La magnitud del fenómeno puede considerarse como un hundimiento general de la civilización maya. En un primer momento, el grupo de los pu-

---

36. *La civilización maya*, CD-Rom, Alsyd et Sumeria, 1996.
37. *La civilización maya*, CD-Rom, Alsyd et Sumeria, 1996.

tún —emparentado con la rama chontal de los mayas— contribuyó enormemente a la penetración de valores culturales externos, primero por la frontera occidental del territorio maya, luego conquistando sucesivamente Piedras Negras, Yaxchilán, Tikal y, por último, Chichén Itzá en el año 918.

En aquel momento, el terreno era propicio para lo que puede considerarse la última etapa de la decadencia maya, marcada por la invasión de un pueblo guerrero procedente de las tierras del altiplano mexicano, que extendió su poder a todo el conjunto de la península de Yucatán: los toltecas.

A partir de entonces, el proceso de degradación se aceleró. El principal síntoma es la paralización total de la actividad arquitectónica de carácter religioso. No se construye ya ningún templo, ninguna estela marca ya el fluir simbólico del calendario ritual (por ejemplo, en Tikal la última creación monumental data del año 889).

En estas transformaciones se ponía en juego la pérdida de los valores más antiguos y esenciales del universo maya. Se produjo todavía una cerámica con vagas connotaciones espirituales, pero de gran inspiración extranjera, que demuestra la progresiva descomposición cultural del pueblo maya, sumido entonces en una preocupante desorientación.

El orden antiguo, el equilibrio y la armonía tan apreciados por los mayas, dejaron su lugar, si no al caos, a una decadencia cuyos motivos más profundos deben buscarse en la confluencia de una serie factores que daban la razón a las profecías del *Libro del Chilam Balam* sobre el fin del mundo, a la espera de un próximo renacimiento.

Una ruptura anunciada

El fin de la civilización maya se debió, en primer lugar, a un conjunto de factores humanos, como las presiones de grupos exteriores y el paso de corrientes migratorias; tampoco hay que olvidar el militarismo cada vez más acusado de las clases dominantes, que se embarcaron en costosas campañas de conquistas, ni las guerras internas, las revoluciones más o menos declaradas de ciertos dirigentes, la superpoblación, el desmembramiento de las rutas comerciales, etc., elementos que acrecentaron las debilidades de un sistema ya débil en sus cimientos.

Además, hay que añadir las condiciones particulares del medio, como los cambios climáticos que comportaban las sequías y malas cosechas, y, por consiguiente, las importantes hambrunas. Los seísmos y los huracanes se vivían como signos de un mundo agonizante.

De ahí a pensar que uno de los principales motivos del declive de la civilización maya fue un sentimiento de autodestrucción casi programado, no hay más que un paso, que muchos analistas de la época no dudaron en dar:

[...] presa en la trampa de sus propios oráculos (especialmente del ciclo inexorable de los katunes), la elite intelectual maya se limitó a hacer las maletas ante la fatal finalización del plazo, escrita desde siempre en los astros[39].

De hecho, el abandono de las ciudades mayas es sin duda una de las consecuencias más espectaculares del final del denominado *periodo clásico*. Como si todo se hubiera cumplido, y finalizado, como si se hubiera llegado al término de lo que era posible hacer, de pronto miles de personas decidieron abandonar las grandes ciudades, antaño tan estimadas, para perderse en la naturaleza de los alrededores, dejando a sus espaldas todo lo que había constituido la grandeza de una época perdida ya para siempre. Y, además, lo hicieron abandonando todos los artificios rituales pacientemente acumulados con el paso de siglos y siglos, como si ya no hubiese dioses que adorar en aquellas tierras.

Tikal es un claro ejemplo de este proceso: a principios del siglo X, la que fuera una de las ciudades mayas más brillantes, uno de los faros espirituales de toda una época, se quedó huérfana de sus millares de habitantes, abandonada a la acción devastadora de la vegetación de la selva tropical.

---

38. GENDROP, Paul: *Les Mayas,* col. «Que sais-je?», Presses Universitaires de France, 1984.

Del más pequeño al mayor, los centros ceremoniales fueron abandonados. Sólo en el norte de Yucatán se conservó algún tipo de actividad. Pero en el corazón de las tierras bajas, donde realmente nació el pensamiento maya, toda forma significativa de sociedad humana había desaparecido, se disolvió en el espacio, como si se cerrara un fascinante paréntesis en el tiempo.

Hacia un nuevo rostro de la civilización maya

Sin embargo, la pretendida desaparición de la civilización maya debe situarse en el terreno de las apariencias. En realidad, se trata de un periodo de transición, que lleva al pueblo maya hacia una nueva expresión de su identidad. Al no poder rivalizar militarmente con los aguerridos toltecas, que en aquel momento impusieron su orden en una parte importante de Centroamérica, a los mayas no les quedó más remedio que doblegarse y ceder el poder a los recién llegados. Sin embargo, este gesto fue una rendición de carácter puramente externo, ya que, por mucho que se empeñasen en demostrar su fuerza, las hordas guerreras de los toltecas no podían ahogar la fuerza civilizadora del pensamiento maya, cuyos valores fundamentales permanecieron intactos.

Poco a poco, se instauró una sorprendente relación de fuerzas en la que, por una parte, los toltecas cosechaban victorias militares y se imponían claramente sobre los mayas y, por otra, estos últimos, siempre apegados a su mitología y a su visión del mundo, ejercían una forma de resistencia consistente en «asimilar» de la más sutil de las maneras al invasor, sin renunciar por ello a la propia identidad.

Es cierto que los sanguinarios dioses de los toltecas sucedieron a las pacíficas divinidades mayas, y que un urbanismo diferente sustituyó a la armoniosa arquitectura de épocas anteriores; se levantaron templos a Tezcatlipoca, el dios de la guerra, pero, más que a la imposición de un nuevo pensamiento, estamos asistiendo a una mezcla de culturas.

Y en este juego, el pensamiento maya, renunciando por un tiempo a sus propias estructuras sociales, se infiltró sutilmente en las formas impuestas por el poder tolteca, hasta impregnarlas de una sustancia espiritual heredada de los más lejanos y auténticos orígenes mayas.

Así comienza lo que más tarde se llamaría el *periodo posclásico*, en el que los guerreros sustituyeron a los sacerdotes y tomaron el mando de un verdadero Estado. Los signos del cambio son numerosos: instauración de sacrificios humanos a gran escala, imposición de fuertes tributos sobre los pueblos sometidos y aparición del oro, la plata y el cobre como monedas de cambio.

Durante las décadas posteriores a la subida al poder de los toltecas, la arquitectura de los nuevos habitantes multiplicó las representaciones amenazadoras de serpientes emplumadas, águilas o jaguares devorando corazones humanos o cráneos de víctimas. Pero, paralelamente, el clasicismo del pensamiento maya afinó incansablemente el carácter áspero, zafio y bárbaro de los conquistadores.

Con el tiempo, no tardó en ponerse de manifiesto la falta de base espiritual e intelectual del mundo tal como lo concebían los toltecas. Si bien la alianza de las ciudades de Chichén Itzá, Uxmal y Mayapán —la Triple Alianza— generó ilusión durante unos años, se vislumbraba una vez más una disgregación que precipitaría a la sociedad tolteca hacia una degeneración irreversible.

La caída de Chichén Itzá a finales del siglo XIII sella definitivamente la desaparición de una tradición arquitectónica milenaria, pero, a su vez, también anuncia una nueva era de transición, que conducirá a un caos político y cultural sin precedentes, cuyo máximo exponente será la desaparición de Mayapán en 1461.

De este modo, cuando un siglo más tarde los españoles lleguen a Yucatán, sólo encontrarán poblaciones dispersas, más preocupadas por subsistir que por construir una sociedad coherente. Los conquistadores lo tuvieron todo a su favor para adueñarse de aquellos territorios, en los que tan sólo subsistían algunos islotes de civilización rodeados de un océano de desorden, refugiado en la espesura de los bosques tropicales guatemaltecos.

Los mayas frente a la conquista española

Castrar el sol,
esto es lo que vinieron a hacer los extranjeros.
Les recibimos como a nuestros padres y nuestras madres,
pero sus palabras eran falsas...

Tal como habían anunciado las profecías de los libros sagrados, el antiguo mundo de los mayas estaba condenado a desaparecer. Como hemos visto, durante las últimas décadas de la civilización maya, la descomposición de la sociedad se acentuó y dejó paso a las influencias exteriores, encargadas de fagocitar los restos de una civilización brillante, lo que quedaba de una nación rota.

Sin embargo, los nuevos dueños de aquellas regiones de Centroamérica, antaño controladas por la cultura maya, no eran conscientes de que el proceso en el que participaban era más complejo de lo que parecía.

Lo que en un principio consideraban la simple desaparición de un pueblo, de una hegemonía espiritual e intelectual, e incluso estatal y militar, en realidad era la cara visible de un fenómeno más profundo, cuyas sutilezas se les escapaban. De hecho, ni siquiera los propios mayas eran totalmente conscientes del proceso, cuyas consecuencias tampoco podían prever.

No obstante, conviene matizar que los representantes del pensamiento maya que sobrevivían, los que habían pasado por las dificultades que comportaban las invasiones, los que habían asistido al hundimiento de ciudades suntuosas como Palenque o Chichén Itzá, los supervivientes de las ejecuciones sumarias ordenadas por los altos dignatarios conocían las grandes líneas del destino de su nación.

Sabían qué porvenir les esperaba. Lo habían sabido siempre, a través de su relación directa con los dioses, de sus oraciones diarias: un mundo tiene que acabarse, debe desaparecer, para que aparezca otro nuevo, que se convierta en portador de todas las esperanzas de los hombres. Estaba escrito, y así se produjo: todo encerraba una gran lógica, a pesar de que la transición estuviera cargada de amargura y dolores. No había la menor duda: eternamente, por encima de las apariencias materiales, los dioses eran quienes dirigían el juego, y no los hombres.

El pensamiento maya permanecía tan fuerte y brillante como en las mejores horas de las ciudades-estado, impregnado, más que nunca, de una fe ilimitada: simplemente se había retirado de los asuntos del mundo material por causa de una «transición mayor», lo cual no significaba que estuviese dispuesto a renegar de sus fundamentos esenciales.

Así, cuando los españoles entraron en lo que había sido el país maya, no sospechaban que, en definitiva, les correspondía un papel en el proceso de renovación que se llevaba a cabo en todas aquellas regiones.

Aunque no se dieran cuenta de ello, movidos como estaban por sus intenciones conquistadoras, por la atracción de las riquezas que les habían hecho cruzar el océano, la intervención de los españoles se inscribía en un marco más amplio. Su llegada no sólo era esperada, sino que iba a cumplir una función de «catalizador» asignada desde hacía mucho tiempo.

Primeros contactos

La verdadera confrontación entre dos mundos —el que los mayas habían conocido siempre y el que defendían los españoles— se inició a principios del siglo XVI, antes de lo que más tarde se denominaría *conquista*.

Un primer contacto inesperado

Estamos en 1502. Una larga piragua tallada en un tronco gigante se desplaza lentamente por las aguas del golfo de Honduras. Llega del oeste, de Yucatán, y se dirige hacia la isla de Guanaja. A bordo, 25 mayas reman rítmicamente. De pronto, avistan tres formas curiosas que al principio creen que son islotes. Pero pronto distinguen siluetas humanas y se dan cuenta de que son embarcaciones. Son tres galeones españoles que comercian con los habitantes de la costa y de las islas.

Después de unos instantes de duda, la piragua se acerca finalmente a las naves, y se produce un primer contacto. Los mayas están intrigados ante unas criaturas que llevan sombrero y tienen el rostro peludo como los simios. El jefe acepta la invitación de los extranjeros y sube con algunos de sus hombres a una de las embarcaciones. Aunque no hablan el mismo idioma, superan el estadio de la prudencia elemental y proceden a un solemne intercambio de regalos, intentan comunicarse a pesar del gran abismo que parece separar ambos mundos.

Los mayas designan la dirección de donde vienen con el nombre de *maiam*, causando gran perplejidad a los comandantes de las tres carabelas que atracan en el golfo de Yucatán. En presencia de los indígenas, un hombre se pregunta a sí mismo qué sentido tiene este encuentro inesperado. Su nombre es Cristóbal Colón y dirige el cuarto viaje en busca de las Indias occidentales. Motivado por otros objetivos, no concede más importancia al encuentro y prosigue su camino.

Un nuevo encuentro bajo el auspicio de los dioses

Hay que esperar hasta 1511 para que españoles y mayas se vuelvan a encontrar cara a cara. Sin embargo, esta vez las circunstancias son distintas. La embarcación que atraca en una playa de Yucatán, delante de la isla Cozumel, no es un galeón de la flota española, sino una embarcación improvisada en la que se amontonan los supervivientes de un naufragio ocurrido unas semanas antes en aguas jamaicanas.

Habían visto perecer a muchos de sus compañeros, algunos durante el naufragio, otros en los días siguientes, vencidos por el hambre y la sed. Llegar a aquella tierra les parecía un designio divino, que les liberaba del castigo y les devolvía a la vida. Cuando los mayas se acercaron a ellos y le acogieron con amabilidad, los supervivientes lo agradecieron calurosamente.

Pero los desafortunados navegantes olvidaron que acababan de entrar en un nuevo mundo. Allí donde ellos veían la salvación y el final de sus sufrimientos, los mayas interpretaban un signo de benevolencia de sus propios dioses, que les enviaban víctimas para sus sacrificios.

En las horas siguientes, condujeron a los prisioneros a las proximidades de un templo. La mitad perecieron en un altar para el sacrificio, sujetados por hombres vigorosos. Con el pecho abierto con un cuchillo de sílex, todavía vivos, se les arrancó el corazón con las manos para ofrecerlo a los dioses. Los que no fueron ejecutados inmediatamente, fueron encerrados en jaulas, donde se les alimentó en espera de la próxima ejecución ritual. Unas semanas más tarde, sólo dos náufragos habían podido sobrevivir milagrosamente a esta terrible experiencia: Jerónimo de Aguilar y Gonzalo Guerrero.

A ambos no les quedó otra solución que integrarse en la vida de los indios. El primero se convirtió en servidor del cacique de Tulum, que le había salvado del sacrificio; el segundo se casó, fundó una familia y se convirtió en capitán de los guerreros mayas.

Así terminó el segundo contacto entre mayas y españoles. Salta a la vista que, teniendo en cuenta las diferencias culturales, las relaciones venideras no iban a ser fáciles.

Los prolegómenos de la conquista

A medida que las expediciones se iban haciendo más frecuentes, los esfuerzos de los españoles por colonizar las islas cercanas se intensificaban. Los conquistadores hispánicos llegaron a las islas que más tarde se llamarían Cuba, Haití y Santo Domingo, de donde extrajeron numerosas riquezas. Los primeros botines estimularon la empresa de los españoles, y en poco tiempo las expediciones de guerra se sucedieron a un ritmo frenético.

Con motivo de una expedición llevada a cabo en 1517 por Hernández de Córdoba, los conquistadores se aventuraron más hacia el oeste y llegaron a una isla de la costa noreste de Yucatán. Fue allí donde entraron realmente en contacto con la civilización maya por primera vez, y descubrieron ciudades, templos e ídolos femeninos —que dieron lugar a que los recién llegados la denominaran *isla Mujeres*.

Los españoles quedaron fascinados por aquella arquitectura perfecta, que no tenía nada en común con las frágiles cabañas encontradas hasta entonces en las islas. De pronto, fueron conscientes de la existencia de una civilización y, sobre todo, encontraron objetos de oro, lo cual favorecía sus intereses. En realidad, estos objetos no habían sido elaborados por los mayas, sino que eran producto de intercambios con otros pueblos.

Animado por estos descubrimientos y estimulado por la sed de aventura de sus hombres, Hernández de Córdoba prolongó la expedición hasta la península de Yucatán, frente a la ciudad de Champotón. Pero, en contra de lo esperado, la acogida de los indios locales fue francamente hostil: en cuanto atracaron, los españoles sufrieron el ataque de los mayas. Los invasores pudieron huir con la ayuda de la artillería de su navío, dejando detrás de ellos muchas bajas, entre las que figura la de Córdoba, que pereció como consecuencia de las 33 heridas recibidas en la batalla.

Este episodio podría ser considerado una más de las numerosas escaramuzas que protagonizaron los conquistadores con los pobladores indígenas, si no fuera por un hecho que cambiaría bruscamente el curso de la historia: los objetos de oro encontrados en la isla Mujeres sirvieron de pretexto al gobernador de Cuba, Diego Velázquez de Cuéllar, para organizar una expedición de gran envergadura —cuatro embarcaciones y más de 200 hombres armados—, que confió a su sobrino Juan de Grijalva.

El mecanismo de la conquista se había puesto en marcha, y nadie podía detenerlo.

La entrada en escena de Hernán Cortés

La expedición de Grijalva no cumplió con las expectativas de los españoles. En efecto, el sobrino del gobernador de Cuba intentó rodear la península de Yucatán, que creía una isla, y luego volvió a Champotón, donde los conquistadores cosecharon una nueva derrota contra los temibles y eficaces guerreros mayas.

Batiéndose en retirada, Grijalva debió contentarse con explorar la costa, a lo largo de 1.200 km, hasta el río Pánuco, sin buscar enfrentamientos y practicando la negociación. Al cabo de cinco meses de navegación, la expedición regresaba a Cuba, sin haber podido satisfacer las ansias de riqueza de los conquistadores.

Durante el viaje, estos habían oído hablar en varias ocasiones del poder y la riqueza de un imperio situado más al norte, el imperio de los aztecas. Planearon llevar a cabo una ofensiva, pero, antes, el primer objetivo era penetrar más en el interior del territorio maya. Esta era la intención de Hernán Cortés, cuando partía el 18 de febrero de 1519, al mando de 11 navíos, 500 hombres y 16 caballos.

Unos días más tarde, cerca de la isla de Cozumel, Hernán Cortés se enteró, por boca de unos indios asimilados por la cultura conquistadora, de que unos «hombres barbudos» vivían a unos días de allí en un poblado maya. Cortés envió a un mensajero, pero no recibió ninguna respuesta. Sin embargo, un día en que las embarcaciones estaban fondeadas para reparar una avería los españoles vieron llegar a un hombre al que ya habían dado por muerto: Jerónimo de Aguilar.

Después de vivir casi ocho años con los indios, daba gracias a Dios por haber podido encontrar de nuevo a los suyos. Su conocimiento de la cultura maya le convertiría en un valioso colaborador de Cortés para la conquista que se estaba iniciando.

Gonzalo Guerrero, en cambio, no volvió nunca al lado de los españoles, se negó a renegar de sus nuevos vínculos y se convirtió, incluso, en un brillante estratega en el bando de los mayas.

Cortés navegó hacia el norte, pasó la península de Yucatán y llegó a las costas de Tabasco y Veracruz. Los episodios que siguieron forman parte de la historia: después de atracar, quemó los barcos para descartar cualquier pretensión de regreso por parte de sus lugartenientes y emprendió la conquista del imperio azteca, que realizó en tan sólo dos años.

La conquista del reino maya duró un poco más. Se necesitaron más de veinte años para someter sólo la península de Yucatán.

La conquista

Hay que esperar hasta 1525 para que Hernán Cortés —que acababa de derrotar al poderoso imperio azteca— reaparezca en el país maya. Con el pretexto de comprobar en qué punto se encontraban las exacciones cometidas por algunos de sus lugartenientes en la zona de Honduras, atravesó el sur, desde Tabasco hasta este territorio. Le acompañaban 150 soldados españoles, 3.000 combatientes y portadores indios, más de 150 caballos y una caravana de avituallamiento de víveres y municiones.

El viaje, interminable y peligroso, que transcurrió por regiones de difícil acceso —montañas, pantanos, bosques frondosos...— duró unos seis meses y se cobró la vida de muchos hombres, tanto españoles como mayas.

De hecho, la verdadera conquista de las tierras mayas no empezó hasta 1527. Terminó 20 años más tarde, en 1547, después de dos años de luchas encarnizadas contra los últimos grupos mayas que se habían aliado contra el invasor español.

Por lo menos esta es la versión oficial de los conquistadores, ya que todavía subsistían focos de resistencia en la región de Tayazal, hasta finales del siglo XVII:

> En enero de 1696, dos destacamentos militares enviados al lago (Petén Itzá) se ven obligados retirarse ante la hostilidad de los indios. Es evidente que la única forma de derrotar a los itzás es un importante despliegue de fuerzas. Durante más de un año, los españoles preparan el asalto final. Unos carpinteros se unen a la tropa para construir una galera y una piragua para llevar a los soldados hasta la isla. La población cae el 13 de marzo por la mañana temprano. Presas del pánico al oír las detonaciones, sus habitantes se lanzan en masa al lago, que intentan cruzar a nado. Los españoles pasan el día destrozando los ídolos en una ciudad desierta. Por la noche, Ursúa designaría el emplazamiento de la futura iglesia: sobre las ruinas del gran templo. Dos siglos después de que Colón descubriera el continente, la conquista del país maya había llegado a su fin[40].

39. GENDROP, Paul: Les Mayas, col. «Que sais-je?», Presses Universitaires de France, 1984.
40. BAUDEZ, Claude, y PICASSO, Sidney: Le cités perdues des Mayas, col. «Découvertes Gallimard/Archéologie», Gallimard, 1987.

La imposición
del cristianismo

*Un día florecerá de nuevo el linaje maya
y expulsaremos a estos falsos antepasados,
a estos vendedores de palabras,
a estos zorros hipócritas...*
LIBRO DEL CHILAM BALAM

En 1547, aunque la zona no está pacificada totalmente, los españoles toman posesión de las
tierras conquistadas. Se instauran comunicaciones
regulares con España y se produce la llegada al
Nuevo Mundo de una nueva y multitudinaria generación de colonos que se instala en él y redefine las
reglas de la sociedad, que a partir de ahora quedará
fuertemente impregnada de los valores hispánicos.
El primero de ellos es la exigencia de la evangelización de la población autóctona. Después de la conquista militar, es el turno de las autoridades ecle-
siásticas, que emprenden la conquista espiritual.

De hecho, los franciscanos ya estaban llevando
a cabo esta misión desde hacía diez años. A partir

del año 1537, empezaron a fundar escuelas, con la voluntad de convertirlas en núcleos de enseñanza religiosa. Se dio prioridad a los hijos de los dirigentes y de la nobleza maya —la clase alta indígena del futuro—, a quienes se enseñó a leer y a escribir en caracteres romanos, así como la liturgia católica.

En unos años, el catolicismo se implantó totalmente en el territorio maya.

Sobre las ruinas de los antiguos túmulos funerarios —todavía llenos de simbolismo— se construyeron iglesias y conventos. Se bautizó a miles de indígenas, después de haberles dado una mínima educación religiosa católica y previa renuncia a sus antiguas creencias.

Para inducir al pueblo maya a seguir la vía de la «reconducción» espiritual, los españoles crearon las *reducciones*, unas concentraciones de población cuyo objetivo era compensar los problemas causados por la dispersión natural del hábitat local reagrupando poblados y aldeas en núcleos únicos. Evidentemente, esto daba a las autoridades coloniales la posibilidad de controlar más fácilmente la vida del pueblo sometido.

Sabedores del arraigo de las antiguas prácticas rituales, los religiosos españoles crearon un clero maya que, además de reequilibrar el poder de los chamanes locales, tenía la función de difundir el bien y de convencer a los reticentes de la bondad de los «civilizadores» católicos.

Resistencia e Inquisición

Arrasando templos, altares y otros lugares dedicados a los ritos mayas, destruyendo sistemáticamente
los ídolos y los objetos de culto, prohibiendo la ado-
ración de dioses antiguos, los religiosos llegados a
América no sospechaban que estaban poniendo en
marcha un engranaje del que rápidamente perde-
rían el control.

En efecto, los resultados de esta política de con-
versión espiritual fueron decepcionantes desde el
punto de vista de la Iglesia de Roma. Es cierto que
se logró instaurar sin demasiados problemas una estructura evangelizadora, pero, por otro lado, las ver-
daderas adhesiones, realmente sinceras y conscientes, eran escasas. Es más, los mayas consiguieron
utilizar muy rápidamente los nuevos principios que
se les intentaba inculcar para readaptar a su gusto
los rituales tradicionales, especialmente los sacrificios humanos.

Para los religiosos, esta actitud era intolerable.
Esta «desviación» de la puesta en práctica de sus
nobles ideas tuvo como consecuencia uno de los periodos más sombríos de la historia de los mayas.
Bajo la autoridad del franciscano Diego de Landa,
tristemente célebre por sus posiciones radicales
contra la cultura maya, se multiplicaron los proce-
sos inquisitoriales y las ejecuciones y se quemaron
sistemáticamente los libros sagrados escritos en jeroglíficos.

La represión alcanzó tal paroxismo que muchos dirigentes mayas, aferrados a su código de honor, prefirieron suicidarse colgándose, convencidos de que Ix-tab, divinidad lunar cuyo nombre significa «la de la cuerda», les llevaría directamente al cielo. En muchos casos, los suicidas morían pronunciando unas palabras lacónicas que resonaron por mucho tiempo en la memoria de los supervivientes: «volveremos».

Otros dignatarios mayas, más pragmáticos, pero poco numerosos, adoptaron la vía de la resistencia armada durante varias décadas, hasta que finalmente fueron reducidos.

En muchas provincias, la evangelización llevada a cabo por los franciscanos tomó el rumbo de una brutal depuración, como demuestra el hecho de que, en unos años, la población maya experimentase un descenso brusco, en manos de la rigidez de un poder colonial que acentuaba la separación con respecto a la elite intelectual y espiritual maya.

Una muestra de la identidad maya

En contra de lo esperado, la irrupción de los españoles en territorio maya y la implantación más o menos forzosa del cristianismo tuvieron consecuencias muy diferentes a las que pretendía la voluntad civilizadora que impregnaba la acción de los primeros conquistadores. Los efectos se multiplicaron en to-

das las esferas de la nueva sociedad, y se convirtieron en poderosos síntomas de la identidad maya.

En los lugares donde parecía que la fuerza había
resuelto los problemas de pacificación y de integración, de unificación de etnias agrupadas bajo la corona hispana, poco a poco numerosos detalles y signos —a veces poco visibles— amenazaban los
límites de la empresa de los conquistadores en el
Nuevo Mundo.

No es simplemente el enfrentamiento entre dos
sociedades con costumbres diferentes, procedentes
de continentes diferentes. Por encima de cualquier
consideración material, se trata del encuentro entre
dos formas de pensamiento, entre dos concepciones del universo, opuestas por el peso de sus tradiciones. Y, contra todo pronóstico, en este terreno,
los mayas, pese a carecer oficialmente de sociedad
y de poderes institucionales a los que acogerse, tenían bazas importantes.

La instauración de una «resistencia cultural»

Tras la conquista española, los mayas demostraron
una sorprendente capacidad de adaptación. A la lucha armada por la que algunos optaron, a la desaparición precipitada de los que eligieron el suicidio,
se añadió una tercera y más sutil forma de resistencia: impregnarse de las ideas evangelizadoras de la

cultura recién llegada, no para adherirse a ellas, que es lo que habrían deseado los evangelizadores, sino para dar una nueva vida a la identidad maya más auténtica.

La originalidad de esta nueva lucha reside, por un lado, en su idea básica, que es un claro desafío a la institución colonial, y, por otro, en quienes la llevaron a cabo, que eran intelectuales procedentes de la antigua nobleza y campesinos mayas, unidos por un conjunto de circunstancias.

El objetivo de esta nueva forma de oposición a la hegemonía de los conquistadores consiste en «infiltrar» la tradición maya en las formas rituales impuestas por el cristianismo, en reelaborar la teología cristiana en términos mayas, especialmente en forma de textos escritos en caracteres romanos, que serán atribuidos a Chilim Balam.

Así, fingiendo someterse a la Inquisición católica, los mayas ingeniaron una forma sibilina de perpetuar sus tradiciones y sus rituales, alimentando el alma maya y sentando las bases del esperado renacimiento espiritual.

Esta tendencia renovadora contó con un impulso creciente, en la medida en que ciertas prácticas llevadas a cabo por los colonos españoles sensibilizaron a la población maya y canalizaron el impulso de revuelta.

Todas las regiones atestiguan la existencia de castigos corporales, de torturas, de actos indignos de los que debían llevar la civilización a aquellas tierras:

El 8 de marzo de 1563, en Telchac [...] Luis Carrillo de San Vicente, misionero perteneciente a la orden de la Merced [...] explica que en la población de Motozintla (Chiapas) había sido necesario utilizar «látigos y suplicio de la cuerda» por orden del mencionado obispo (Maroquin) para que los indios devolvieran sus ídolos, ya que los indígenas, en «las cosas elevadas» como la religión, carecían de inteligencia y además «persistían en la mala secta de sus antepasados». Consideraba necesario todo aquello —concluye— si se quería progresar en la empresa evangelizadora, puesto que los indios, «al igual que el roble, no dan frutos si no se les golpea»[41].

A estos abusos, a menudo se añadían prácticas envilecedoras que daban una imagen muy negativa de los cristianos y de sus costumbres. El obispo guatemalteco Juan Ramírez explica, a finales del siglo XVII, que las mujeres indias que trabajaban al servicio de los colonizadores, tratadas como esclavas, generalmente acababan siendo amantes de patronos y mayordomos. Las mujeres y las hijas de los indios que no disponían de dinero suficiente para pagar el tributo impuesto por la metrópolis a todos los mayas se veían obligadas a prostituirse.

---

41. FETTWEIS-VIENOT, Martine: *Danse avec les dieux. Mille ans de civilisation méso-américaine, des Mayas aux Aztèques*, tomo I, L'Harmattan, 1995.

Estos comportamientos contrastaban en gran medida con el mundo de los mayas ya que, antes de la conquista, había en su sociedad unas normas sociales y unas reglas éticas que, relacionadas muy estrechamente con los vínculos divinos, prohibían las conductas licenciosas. Así, los defensores del catolicismo aparecían no sólo como torturadores, sino también como protagonistas de conductas poco honestas.

Los resistentes mayas encontraron en ello nuevos motivos para la esperanza, para convencer a sus semejantes de que no debían renunciar a las costumbres ancestrales de un pasado grandioso. No podían luchar contra los conquistadores en el terreno militar, económico y sociopolítico, pero quedaba el ámbito religioso, en el cual todo seguía siendo posible. La Inquisición destruía altares, objetos de culto y templos, azotaba y torturaba a los que no se sometían inmediatamente, quemaba libros sagrados, pero nada impedía a los mayas continuar pensando, reflexionando y orando para sus adentros tal como habían aprendido tiempo atrás.

La respuesta al celo de los evangelizadores, que aparentemente eliminó los antiguos rituales, las creencias y las tradiciones mayas, fue una resistencia profundamente arraigada en la memoria individual y colectiva del pueblo maya. De hecho, se podría llegar a considerar que los excesos de los conquistadores proporcionaron el impulso decisivo para la salvación y posterior renovación del pensamiento espiritual maya:

[…] la religión indígena fue combatida con tenacidad en sus manifestaciones más externas: dioses, altares, ritos y creencias sucumbieron —o parecieron sucumbir— por la imposición de la nueva ideología religiosa por parte de los colonizadores. Las manifestaciones, hasta entonces públicas, del universo sagrado centroamericano pasaron a un medio nuevo, al del lenguaje cifrado, de la oración clandestina, de la creencia subterránea, del rito oculto y celosamente guardado. Al tambalearse definitivamente la religión oficial que las clases dominantes mayas imponían al pueblo, los cultos populares adquirieron un nuevo impulso y una fuerza que impidió su extinción, ya que, transfigurándolas, hizo posible que el pueblo siguiera venerando a las divinidades familiares y agrícolas, ya fuera en la clandestinidad u otorgando las cualidades de los antiguos objetos de la fe a otros nuevos[42].

La asimilación sutil en respuesta a la imposición del cristianismo

Los conquistadores se encontraron pronto ante un fenómeno que no era más que la consecuencia directa de sus propios actos. En efecto, el error más

---

42. FETTWEIS-VIENOT, Martine: *Danse avec les dieux. Mille ans de civilisation méso-américaine, des Mayas aux Aztèques*, tomo I, L'Harmattan, 1995.

grave que cometieron fue considerar que los habitantes a los que doblegaron militarmente eran incultos, y que la cultura procedente de la vieja Europa era superior a la del Nuevo Mundo.

Con la perspectiva del tiempo, esta suficiencia podría prestarse a comentarios jocosos, si no fuera por las tristes consecuencias que acarreó. Los hechos no dicen, en este aspecto, demasiado en favor de los conquistadores. Salvo raras excepciones —que también hay que hacer extensivas al colectivo religioso, en el que hubo personas que se comportaron honradamente con los indígenas y los defendieron abiertamente—, los españoles se dejaron llevar en demasiadas ocasiones por el afán de lucro y utilizaron la bandera de la religión con finalidades poco cristianas en el sentido estricto del término.

Resulta poco heroico conquistar y colonizar un pueblo al que no le gustaba la guerra, que tenía una idea elevada del hombre y de lo divino, y del papel que le correspondía en la Tierra, que confería a las fuerzas naturales poderes amplios y respetaba la naturaleza. Sin embargo, conquistar a un pueblo no significa apoderarse de su alma. Los conquistadores, imbuidos de su pretendida superioridad, no supieron franquear el abismo que separaba a las dos culturas para que estas llegaran a una comprensión mutua.

Los dominicos intentaron eludir el problema, utilizando lo que ellos sabían de las prácticas y de las creencias mayas —la confesión, la comunión, el bautismo, e incluso la idea de una trinidad divina...— para imponer la concepción cristiana, pero nunca lograron los resultados esperados.

De hecho, la realidad era otra. Todas las campañas de evangelización tropezaron con numerosos problemas: la extensión del reino maya, la densidad de la población, la falta de sacerdotes para llevar a cabo una misión de tanta envergadura, el gran número de dialectos que los recién llegados no conocían y, por encima de todo, la forma de introducir el catolicismo, sin preguntarse en ningún momento si los medios empleados eran los apropiados para la sensibilidad y la receptividad de la población.

Pese al éxito aparente que celebraban en la corte española, todos estos elementos explican que el adoctrinamiento fuera muy superficial.

En definitiva, la corona española no supo utilizar los medios adecuados para llevar a cabo la obra que se había propuesto. Como en cualquier otro episodio de conquista, tampoco aquí los mosquetones y la arrogancia fueron suficientes para imponer a una civilización milenaria unas ideas supuestamente salvadoras.

Empeñados en la evangelización, los religiosos católicos no hicieron ningún esfuerzo por comprender las creencias de la población indígena antes de su llegada, ni tampoco se esforzaron en explicar con claridad los nuevos conceptos teológicos que intentaban inculcar a todo un pueblo. En la mayor parte de los casos, desde la perspectiva de los mayas, el catolicismo se reducía al aprendizaje de oraciones y a la aceptación de manifestaciones culturales de una religión que en realidad no entendían, pero que se les imponía con firmeza —cuando no por la fuerza.

Todo ello dio lugar a aberraciones doctrinales, como por ejemplo bautizos masivos a gentes que la Iglesia católica consideraba entonces nuevos conversos, o la administración de otros sacramentos en grupo, sin ninguna enseñanza previa (o con una muy superficial), de aquellos actos rituales para explicar su significado y para asegurarse de que los interesados lo habían entendido... Parecía como si la mera ceremonia ritual tuviera la función de iluminar a los conversos y revelarles la palabra de Dios.

La aparente sumisión de los mayas

Conscientes del desequilibrio en la relación de fuerzas ideológicas entre ellos y los conquistadores, los mayas supieron aprovechar las debilidades y las graves insuficiencias del nuevo sistema instaurado.

Dado que los conquistadores y evangelizadores concedían una gran importancia a la cristianización, y su principal preocupación era tener pruebas concretas de la pacificación y evangelización de las poblaciones sometidas militarmente —número de bautizos, número de conversiones al catolicismo...— y que, además, toda rectificación parecía definitivamente prohibida, los mayas aceptaron amoldarse a la situación. O, por lo menos, la aceptaron aparentemente, ya que la realidad fue muy distinta.

Sin embargo, los religiosos llegados a América ignoraban que detrás de la aparente sumisión, los pensadores mayas encontraron una forma de contrarrestar la invasión de su país. Partiendo de la evidencia de que el proceso de renovación ya estaba en marcha, no hubiera servido de nada oponer resistencia militar a un enemigo mejor armado. En cambio, todo seguía siendo posible en el plano espiritual, en el terreno de lo sagrado. Por tanto, orientaron sus esfuerzos en este sentido con un gran deseo de venganza. La propia evangelización a la que fue sometido el pueblo maya les dio los medios.

En efecto, un análisis detallado del catolicismo que se les intentaba inculcar proporcionó a los pensadores mayas la materia necesaria para enfrentarse al conquistador. La sutileza de la empresa consistió en realizar una amalgama de creencias tradicionales mayas a la sombra de los rituales católicos, dando lugar a un acercamiento sincrético que ofrecía al pensamiento maya —bajo la apariencia de una integración positiva, que las pseudoconversiones y los bautizos en masa parecían autentificar— la posibilidad de sobrevivir conservando un vínculo auténtico con sus creencias y con las más antiguas tradiciones.

El catolicismo «revisado» por el pensamiento maya

La dificultad principal que encontraron los sacerdotes católicos que tenían la misión de evangelizar aquella parte del Nuevo Mundo fue la imposición del monoteísmo a un pueblo con una tradición politeísta secular.

Ni franciscanos ni dominicos pudieron solucionar este problema, pero los mayas sí que encontraron una forma de *identificar* el catolicismo con sus propias creencias, creando un verdadero «código de correspondencias» entre las dos religiones que permitía descifrar un significado maya oculto en las formas impuestas por la religión católica oficial, con lo cual se evitaba la desaparición de la cultura espiritual tradicional del pueblo maya.

No sólo la Trinidad católica, sino todos los santos del panteón cristiano sirvieron de «paraguas» a las muchas divinidades protectoras del panteón maya y les permitieron subsistir sin llamar excesivamente la atención de las nuevas autoridades religiosas. Veamos algunos ejemplos:

> [...] Santa Bárbara, patrona de la artillería para los católicos, se relacionaba con los relámpagos; San Antonio Abad, con el patrón de los animales; San Pascual Bailón, con algunas divinidades de la muerte; el culto a Santa Ana escondía el culto a Ixchel, ambas patronas del parto... No era de extra-

ñar que los indios colocaran una imagen de la madre de María cerca del lecho de la parturienta, ya que antiguamente ponían una figurilla de Ixchel debajo del colchón. [...] Los indígenas aceptaron sin demasiada oposición el cambio de nombre de las divinidades del Mundo inferior, de modo que Lucifer, Satanás, Belcebú o «el Enemigo» sirvieron para designar a los eternos habitantes del mundo subterráneo, que a partir de entonces pasó a denominarse *Infierno*. Con cuernos o cola, emanando olor a azufre o acompañados por chivos, Pukuy, Kisin, Ik'al o Kimi continuaron reinando en el universo de las sombras, sin que su poder se viera alterado[43].

Desde esta misma óptica de asimilación del catolicismo por parte de los mayas, los ángeles custodios pasaron a asociarse con las divinidades protectoras individuales. En cuanto a la cruz, símbolo la religión católica cuyas representaciones se multiplicaron hasta el infinito en todo el reino maya, se asoció rápidamente al culto local de los difuntos, y se adornaba con las ramas de rosal que representaban a estos en la religión maya. En determinadas circunstancias, se llegó a asociar la cruz con los sacrificios humanos llevados a cabo en secreto.

---

43. FETTWEIS-VIENOT, Martine: *Danse avec les dieux. Mille ans de civilisation méso-américaine, des Mayas aux Aztèques*, tomo I, L'Harmattan, 1995.

Otro elemento esencial se mantuvo vivo a pesar la dominación de los Austrias: el espacio natural. Puesto que los lugares sagrados habían sido destruidos, los ídolos ridiculizados, y eliminados todos los objetos relacionados con los rituales, a los mayas sólo les quedaba una cosa: aquel entorno natural al que siempre habían estado tan próximos y que, a pesar de los avatares por los que pasaba su civilización, seguía siendo uno de los parámetros esenciales de su existencia.

Avanzada la colonización, se continuó adorando en secreto a las montañas y a muchos otros lugares sagrados, así como al jaguar del mundo inferior o al colibrí mensajero de los antepasados, o a las aves nocturnas anunciadoras de peligros y enfermedades. Los elementos de la naturaleza, como el rayo, el trueno o la lluvia, siguieron teniendo un papel importante en la vida cotidiana.

El universo vegetal era venerado como antaño, de forma menos espectacular pero con igual fervor. El maíz continuaba siendo lo que siempre había sido: la planta que nutre al hombre y perpetúa la vida, que crea la carne y los huesos de todos los individuos, y, por tanto, le acompaña en todos sus actos, desde el nacimiento hasta la muerte.

Así pues, la «sustitución» fue permanente y sirvió para que los mayas no perdiesen sus tradiciones. Sin embargo, los rituales y las creencias debían permanecer en secreto, en los corazones y en las casas, ya que durante mucho tiempo la Inquisición castigó a quien se oponía a la ley y a la religión oficiales. Dos ejemplos demuestran la extraordinaria capacidad de adaptación de los mayas, desde el punto de vista espiritual, a la estructura de la nueva sociedad. El concepto de la gracia, por ejemplo, que los conquistadores consideraban un don divino que permite a los cristianos realizarse y acceder a través de la muerte a la visión beatífica, fue sutilmente recuperado por los mayas:

> Los cristianos creen en una gloria que no se puede alcanzar hasta después de la muerte. Los indígenas creen en la felicidad terrestre. La «gracia» de los teólogos es básicamente un don intangible, incorpóreo. Cuando los textos mayas hablan de «gracia», utilizan el término como un eufemismo para designar al maíz. Por tanto, para los cristianos, la gracia es una felicidad atemporal, individual y celestial, mientras que para los mayas es una felicidad terrestre, colectiva y cotidiana[44].

Los intelectuales mayas también efectuaron un paralelismo entre la muerte de Jesucristo y su resurrección, la muerte como camino para la vida eterna y el retorno del dios solar emergiendo del mundo subterráneo y nocturno para perpetuar la vida.

---

44. FETTWEIS-VIENOT, Martine: *Danse avec les dieux. Mille ans de civilisation méso-américaine, des Mayas aux Aztèques*, tomo I, L'Harmattan, 1995.

Por otra parte, el dios de los cristianos no sólo era exclusivo y celoso, y se negaba a reconocer o tolerar a ninguna otra divinidad, sino que iba como anillo al dedo a la política colonial española, que lo utilizaba como un medio para instaurar el máximo control y homogeneización del reino maya.

Sin embargo, es evidente que no bastaba con ejecutar a los sacerdotes mayas, destruir sus templos y prohibir sus rituales, negar una cultura espiritual milenaria, para someter a todo un pueblo. Como en muchos otros ejemplos que ha conocido la historia, desde las primeras acciones de la conquista —que los mayas esperaban y sabían que era inevitable gracias a sus textos sagrados— los indígenas se preocuparon por la transmisión del saber de forma clandestina. Y fue así como pudo sobrevivir el pensamiento de un pueblo, dando una lección de dignidad contenida, ejemplar desde muchos puntos de vista.

Las ceremonias colectivas católicas fueron sutilmente amalgamadas con los rituales mayas. Por ejemplo, se encontraron muchos cuerpos de sacrificados escondidos en las pilas bautismales de las iglesias para proteger los bautismos; las danzas precolombinas subsistieron a pesar de la persecución eclesiástica; el culto a los muertos se mantuvo en las *cofradías* o en los *guachivales*, unas asociaciones no reconocidas oficialmente, a las que se permitía colaborar en la celebración de oficios litúrgicos para los muertos que habían pertenecido en vida a aquel grupo.

Otros conceptos del catolicismo tuvieron muchas dificultades para abrirse camino en la mentalidad maya, por su dimensión puramente teológica.

> [...] El concepto cristiano de salvación que se adquiere gracias a las obras individuales tuvo poca incidencia en la cultura maya. ¿Cómo se puede concebir la salvación individual, cuando se cree que la supervivencia y la felicidad son actividades comunes en las que participan día tras día no sólo los vivos, sino también los muertos y los dioses?[45]

De poco sirvió el empeño de los evangelizadores de apartar a los mayas de los lugares donde vivían para quebrar el fuerte apego que tenían a sus muertos y crear poblaciones más fáciles de controlar. Los dominicos comprobaron en repetidas ocasiones que, al ser obligados a abandonar los lugares donde habían vivido siempre, los mayas se llevaban los huesos de sus antepasados, llamados «corazón de la casa», y los volvían a enterrar en la nueva morada.

Del mismo modo, los mayas asistían a las ceremonias cristianas —a las que atribuían un significado oculto que los nuevos sacerdotes no perci-

---

45. FETTWEIS-VIENOT, Martine: *Danse avec les dieux. Mille ans de civilisation méso-américaine, des Mayas aux Aztèques*, tomo I, L'Harmattan, 1995.

bían—, pero difícilmente aceptaban la instrucción religiosa y la administración de los sacramentos cristianos. En numerosas ocasiones, los sacerdotes tenían que enviar a alguien para avisar a la población —o ir ellos mismos a caballo— de que debían acudir a la misa dominical. No era raro ver a los campesinos mayas huir hacia las montañas tan pronto como oían la llamada de las campanas de la iglesia.

A lo largo de los años, se instauró una verdadera «resistencia» en el país maya, espoleada por la venalidad y la codicia de los colonos y de los religiosos llegados de Europa, por los castigos corporales y las multas infligidas a los que rechazaban abiertamente doblegarse a la nueva religión, a los métodos evangelizadores, muchas veces inadecuados y superficiales.

Todos estos factores, inversamente proporcionales a la afirmación del poder político y militar, debilitaron la influencia de los conquistadores en el terreno espiritual.

Estos defectos de la política colonial alimentaron en la población autóctona la convicción de la justicia del pensamiento maya y la fuerza de las creencias ancestrales y de los ritos, a partir de entonces ocultos, pero siempre presentes en la mentalidad y en el sentimiento de un pueblo que luchaba por superar estas dificultades, con la sensación, muy intensa, de estar viviendo un renacimiento, de estar afirmando una identidad maya que sólo necesitaba tiempo para volver a imponerse.

Conclusión

En las páginas precedentes hemos recorrido, gracias a la imaginación, algunos episodios del gran libro de la historia de la humanidad. Sin duda, viajar en el tiempo y en el espacio, tal como acabamos de hacer, es un privilegio.

Nuestro periplo por el corazón de una de las civilizaciones más brillantes del continente americano es un ejemplo excelente de ello.

Sin embargo, nada es comparable al placer que representa viajar por el espíritu de los hombres, por el pensamiento que evoluciona y se perpetúa con el paso de los años, de los siglos, de los milenios.

Regresamos de un viaje por el tiempo y el espacio, pero una exploración por la esencia del pensamiento y de la espiritualidad de un grupo humano nunca se acaba, porque la fuerza de la humanidad, que se nos impone con un poder fascinante, está precisamente ahí: en el alma de los hombres, en su voluntad de creer, de construir, de celebrar conjuntamente, de honrar a los dioses que ellos mismos han elegido.

El tiempo ha transcurrido para el reino maya. Después de los primeros conquistadores, llegaron en masa los colonos, quienes edificaron una nueva sociedad a su gusto, sin comprender la verdadera esencia de la cultura india, y anteponiendo sus intereses personales a cualquier otra consideración.

Pasaron las décadas, con los problemas que ya sabemos para el poder colonial. Surgieron revueltas aquí y allá, a veces latentes, a veces violentas. En numerosas ocasiones, fingiendo aceptar el yugo colonial, el pensamiento maya resolvió muchas situaciones en su beneficio con la fuerza de la inteligencia, del sutil conocimiento de la fe y de las necesidades espirituales de todo un pueblo.

Más tarde tuvo lugar la independencia de las provincias del antiguo reino maya, convertidas en países que afirmaron sus propias identidades, como Guatemala, México y Belice, pero la espiritualidad maya siempre seguía viva, afirmando una autenticidad que nada había podido erradicar ni suplantar.

Por último, en respuesta a la debilidad creciente de la Iglesia católica (en 1924 sólo había 85 sacerdotes), los protestantes, procedentes de América del Norte, invadieron el área cultural maya y, a modo de contrapunto de todos los errores cometidos anteriormente en nombre de Dios, lograron la aceptación de muchos fieles, y aparecieron más de 600 comunidades. En 1982 la progresión de protestantes alcanzaba el 40 % por año. Contaban con 7.500 templos, 4.000 pastores, 103 colegios e instituciones educativas, cinco emisoras de radio, 300 programas difundidos en radios no protestantes, más de 560 librerías...

Los sabios de todos los pueblos suelen decir, cada uno a su manera, que nada se hace hasta que no se está preparado para ello. Los descendientes de los mayas lo comprobaron por sí mismos. A través de la negación de su identidad por parte de culturas ajenas a su mundo llegaron a la evidencia: debían ser ellos, y sólo ellos, escuchando el mensaje transmitido por sus textos sagrados, quienes determinaran su futuro cultural y espiritual.

Después del periodo católico y del auge protestante, con sus diversos efectos, a menudo contraproducentes, resurgieron de sus cenizas las prácticas y las creencias mayas arraigadas en el alma del pueblo desde épocas muy antiguas, para proclamar a los cuatro vientos la existencia y la fuerza de una «Iglesia maya».

Así pues, hizo falta esperar al final de los excesos del catolicismo, y superar el proselitismo de los protestantes, para asistir de nuevo a los orígenes más puros de la identidad maya.

El catolicismo y el protestantismo eran creencias exteriores, impuestas arbitrariamente. Ser maya y afirmar la propia religión representa hoy día una auténtica gesta: la demostración de una autonomía de pensamiento que ya no tolera ninguna sumisión. Más aún: se trata de la afirmación de toda una cultura que ha necesitado 500 años de persecuciones para encontrar su camino hacia la luz y su propia revelación.

Con la muerte de las políticas misioneras que consideraban a los mayas como un pueblo que debía ser esclavizado, resurgió la afirmación de creencias, intereses y estrategias que devolvió a los mayas el respeto por sí mismos, apartando para siempre la posibilidad de ser sometidos o de ser «objetos» de otros.

Afirmar la fe, impulsar valores tradicionales de una religión popular, lejos de dividir a los mayas, como hicieron el catolicismo y el protestantismo, une hoy a los individuos de este pueblo dentro de una identidad colectiva en la que cada uno encuentra la esencia de su identidad individual.

Bibliografía

ALLAN, Tony, y Tom LOWENSTEIN: *Rites d'Amérique central*, col. «Mythes et croyances populaires», Time-Life Books, 1997.

BAUDEZ, Claude, y Sydney PICASSO: *Les Cités perdues des Mayas*, col. «Découvertes Gallimard/Archéologie», Gallimard, 1987.

FETTWEIS-VIENOT, Martine: *Danse avec les dieux. Mil ans de civilisations méso-américaines, des Mayas aux Aztèques,* tomo I, Gallimard, 1976.

GENDROP, Paul: *Les mayas*, col. «Que sais-je?», Presses Universitaires de France, 1984.

Histoire des religions, Encyclopédie de la Pléiade, tomo III, Gallimard.

La civilización maya, CD-Rom, Alsyd et Sumeria, 1996.

NORTON LEONARD, Jonathan: *L'Amérique précolombienne,* col. «Les grandes époques de l'homme», Time-Life Books, 1979.
— *Mayas,* serie «Monde», Autrement, 1991.

RUDDELL, Nancy: *Le mystère des Mayas*, Museo canadiense de las civilizaciones, 1995.

TAUBE, Karl: *Mythes aztèques et Mayas*, col. «Point Sagesses», Éditions du Seuil, 1995.

WOOD, Marion: *L'Amérique précolombienne,* Atlas histórico, Casterman, 1991.

www.ingramcontent.com/pod-product-compliance
Lightning Source LLC
Chambersburg PA
CBHW070330090426
42733CB00012B/2428